Indigener Widerstand in Zeiten des Klimawandels

Gabriel Kuhn

Indigener Widerstand in Zeiten des Klimawandels

Sápmi: Grüner Kolonialismus im Norden Europas

Verlag Graswurzelrevolution

Bei der Abbildung auf der Titelseite handelt es sich um ein populäres Motiv der samischen Widerstandsbewegung. Der Ursprung ist unbekannt.

Bibliografische Information der Deutschen Bibliothek
Die Deutsche Bibliothek verzeichnet diese Publikation in der Deutschen Nationalbibliografie; detaillierte bibliografische Daten sind im Internet über http://dnb.ddb.de abrufbar.

Sitz: Heidelberg
Guido-Schmitt-Weg 4 • 69126 Heidelberg
Fax: 0421/620456-9 • E-Mail: buchverlag@graswurzel.net
www.graswurzel.net
ISBN 978-3-939045-54-0

Umschlaggestaltung und Textlayout: Bernd Degener, Bremen
Druck und Bindung: BELTZ Bad Langensalza GmbH, Bad Langensalza

Inhalt

Einleitung

Vorwort

Wie bei vielen Menschen in der deutschsprachigen Welt wurde meine Aufmerksamkeit für indigene Gesellschaften durch die Romane Karl Mays geweckt, die ich als Kind verschlang. Als ich 16 Jahre alt war, ersetzte ich Romane, die auf Klischees aufbauten, durch ethnologische Studien. Mein besonderes Interesse galt nun der politischen Geschichte und dem antikolonialen Widerstand indigener Gesellschaften.

Mitte der 1990er-Jahre verbrachte ich eineinhalb Jahre an der Arizona State University, an der damals ein Institut für American Indian Studies eingerichtet wurde. Der Pawnee James Riding In, heute Leiter des Programms, nahm sich für meine nie enden wollenden Fragen Zeit und stellte sicher, dass ich keine wichtigen Veranstaltungen verpasste. Viele Student:innen gehörten den Nationen der Hopi und Navajo an. Ich besuchte auch Pine Ridge in Süd-Dakota, wo in den 1970er-Jahren das American Indian Movement besonders aktiv gewesen war. Später verbrachte ich mehrere Jahre in Australien und Neuseeland, um mehr über die dortigen indigenen Gesellschaften zu lernen. Sechs Monate lang lebte ich in Neukaledonien, wo die Geschichte des Unabhängigkeitskampfes der Kanak:innen besonderes Interesse in mir geweckt hatte.

Auch im Falle der Sámi waren die Grundlagen ihrer Kultur von Kolonialmächten ausgehöhlt worden, ihr Glaubenssystem, ihre sozialen Organisationsformen, die Art, ihren Lebensunterhalt zu bestreiten.

Im Jahr 2000 reiste ich zum ersten Mal in den hohen Norden Europas. Ich wusste wenig über die Sámi und war erstaunt, wie viele Parallelen es in ihrer Geschichte zu jener der indigenen Gesellschaften gab, die ich auf anderen Kontinenten besucht hatte. Auch im Falle der Sámi waren die Grundlagen ihrer Kultur von Kolonialmächten ausgehöhlt worden, ihr Glaubenssystem, ihre sozialen Organisationsformen, die Art, ihren Lebensunterhalt zu bestreiten. Die Arroganz der Kolonialherren (in diesem Fall der nordischen Nationalstaaten[1] und Russland), die Selbstverständlichkeit der Landübernahme durch aus dem Süden kommende Siedler:innen, die Geringschätzung indigener Lebensweise und Kultur sowie die Härte, mit der die Kolonisierung durchgesetzt wurde, waren allzu bekannt.

Bis heute profitieren die nordischen Nationalstaaten von der Ausbeutung Sápmis, wie das traditionelle Siedlungsgebiet der Sámi genannt wird. In der schwedischen Fernsehserie *Midnight Sun,* in der samische Kultur im Jahr 2016 erstmals etwas nuan-

1 Die Bezeichnungen »nordische Nationalstaaten« und »nordische Länder« werden in diesem Buch als Abkürzung für Norwegen, Schweden und Finnland verwendet. Der Begriff »skandinavisch« wird vermieden, da Finnland strenggenommen weder geografisch noch kulturell zu Skandinavien zählt. Dänemark und Island, die in der Regel auch zu den nordischen Ländern zählen, sind in diesem Buch ausgenommen.

cierter porträtiert wurde, klärt ein schwedischer Hubschrauberpilot eine französische Polizistin über die Gesellschaftsstruktur des hohen Nordens auf: »Sie haben den Sámi alles genommen. Außer der Rentierhaltung. Wahrscheinlich, weil die so harte Arbeit ist.«

Ich lebe seit 2007 in Schweden, dachte jedoch lange nicht, dass ich publizistisch zu Sápmi arbeiten würde. Mein Interesse an indigenen Fragen tauchte hie und da in meinen Texten auf, doch größere Studien hielt ich für die Aufgabe anderer, in erster Linie indigener Autor:innen selbst. Doch mehrere Aspekte führten dazu, dass ich 2018 meine Meinung änderte. Vor allem war es die Frustration über das Desinteresse an samischen Fragen in der Mehrheitsgesellschaft der nordischen Länder. Die Nonchalance, die in diesem Zusammenhang zutage trat, fand ich provozierend. Als im Jahr 2017 eine bekannte samische Künstlerin in ein Unterhaltungsprogramm des schwedischen Fernsehens SVT geladen wurde, begrüßte die Programmleiterin sie wie folgt: »Du bist Sámi. Kannst du mir darüber ein bisschen erzählen? Ich habe keine Ahnung.« Gesagt wurde das ohne Anzeichen von Scham oder Peinlichkeit – ganz so, als wäre es das Selbstverständlichste der Welt, keine Ahnung von der indigenen Bevölkerung des Landes zu haben.

In der Linken sieht es nicht viel anders aus. Hier gibt es mehrere Gründe, die das Verhältnis zu den Sámi erschweren; sie reichen von der Fortschrittsgläubigkeit der traditionellen sozialistischen Bewegung bis zur Betonung von Tierrechten in der gegenwärtigen aktivistischen Generation.

Ich fragte mich in zunehmendem Maße, ob ich nicht vielleicht doch einen Beitrag dazu leisten könnte, mehr Bewusstsein für die Situation in Sápmi zu schaffen, zumal es einen Mangel an Texten für ein internationales Publikum zu geben schien. Der Großteil der Literatur zu Sápmi in nicht nordischen Sprachen besteht aus schwer erhältlichen und teuren akademischen Abhandlungen.

Ich beschloss, ein wesentlich auf Interviews mit samischen Aktivist:innen, Künstler:innen und Forscher:innen aufbauendes

Buch auf Englisch zu schreiben. Dieses erschien 2020 unter dem Titel *Liberating Sápmi: Indigenous Resistance in Europe's Far North*. Danach arbeitete ich vor allem journalistisch zu Sápmi. Im Deutschen erschienen zahlreiche Artikel in der Tageszeitung *junge Welt* sowie Reportagen in dem Magazin *Tagebuch*, der Straßenzeitung *Surprise* oder der Umweltzeitschrift *Rabe Ralf*. Auf Englisch schrieb ich über Sápmi für *Counterpunch*, auf Schwedisch für *Arbetaren*. Dieses Buch basiert wesentlich auf den für diese Arbeiten unternommenen Reisen, damit verbundenen Studien und den Gesprächen, die ich mit Sámi führen durfte. Mein Hauptinteresse gilt immer noch politischen Fragen. Ich bin kein Experte, was samische Kultur oder Spiritualität betrifft.

Obwohl ich des Samischen nicht mächtig bin, ist es relativ einfach, samischen Debatten in Norwegen und Schweden zu folgen. Auch unter den Sámi spricht nur eine Minderheit die samische Sprache, das meiste Material ist auch auf Norwegisch oder Schwedisch zugänglich. In Finnland ist es schwieriger, da sich das Finnische wesentlich vom Norwegischen und Schwedischen unterscheidet. Allerdings garantiert die schwedischsprachige Minderheit in Finnland auch Berichterstattung zum finnischen Teil Sápmis auf Schwedisch, und Englisch ist als Fremdsprache unter den Sámi Finnlands weit verbreitet. Am schwierigsten gestaltet sich der Kontakt zur samischen Gemeinde in Russland. Zu den Sprachbarrieren kommen beschwerliche Einreisebedingungen und eine politische Situation hinzu, die zur Vorsicht mahnt. Sámi sind zurückhaltend im Austausch mit kritischen Journalist:innen aus dem Ausland. Zwar habe ich Informationen zur samischen Gemeinde in Russland so gut wie möglich in dieses Buch eingebaut, doch es ist der einzige Teil Sápmis, den ich nie besucht habe, und in dem meine Kontakte sehr begrenzt sind.

Interne Konflikte der Sámi erwähne ich, wo ich es als notwendig erachte. Stellung nehme ich zu diesen nicht, da ich dies nicht als meine Aufgabe ansehe. Die Sámi setzen sich mit diesen Problemen selbst auseinander und werden entsprechende Lösungen finden. Festgehalten werden soll, dass mit zweierlei Maß gemessen wird, wenn es um gesellschaftliche Widersprüche geht. Was in der Mehrheitsgesellschaft gerne als »Demokratie«, »Vielfalt« und »kritisches Denken« gefeiert wird, wird bei Minderheiten rasch zu »Uneinigkeit«, »Chaos« und »fehlender Reife«. Sámi haben zu verschiedenen Fragen unterschiedliche Meinungen, das ist normal. Der Ungerechtigkeit, die sie gemeinsam erfahren, tut das keinen Abbruch.

Anmerkungen

Noch ein paar Anmerkungen vorweg.

Indigene Gesellschaften

Man kann eine eigene Abhandlung über die Definition indigener Gesellschaften schreiben. Die hier verwendete Arbeitsdefinition stützt sich auf die Konvention 169 der Internationalen Arbeitsorganisation, das »Übereinkommen über eingeborene und in Stämme lebende Völker«. Dieses wird in der Regel als ILO 169 abgekürzt. (ILO steht für die *International Labour Organization* der Vereinten Nationen.) Es definiert indigene Gesellschaften als »Völker in unabhängigen Ländern, die als Eingeborene gelten, weil sie von Bevölkerungsgruppen abstammen, die in dem Land oder in einem geografischen Gebiet, zu dem das Land gehört, zur Zeit der Eroberung oder Kolonisierung oder der Festlegung der gegenwärtigen Staatsgrenzen ansässig waren und die, unbeschadet ihrer Rechtsstellung, einige oder alle ihrer traditionellen sozialen, wirtschaftlichen, kulturellen und politischen Einrichtungen beibehalten.«[2]

Wem das zu holprig ist, kann sich auch an einer Formulierung des Ständigen Forums für indigene Angelegenheiten

---

2 Internationale Arbeiterorganisation, »Übereinkommen 169: Übereinkommen über eingeborene und in Stämmen lebende Völker in unabhängigen Ländern«, 1989, https://www.ilo.org.

der Vereinten Nationen orientieren, die indigene Gesellschaften beschreibt als »Nachfahren derer, die ein Land oder eine geografische Region zu einer Zeit bevölkerten, als Menschen mit anderer Kultur oder Ethnizität dort ankamen.«[3]

Die Sámi entsprechen diesen Definitionen zweifelsohne. Manche Menschen hält dies nicht davon ab, zu behaupten, dass die Sámi »nicht mehr als indigene Gesellschaft leben«, ganz so, als gäbe es eine bestimmte Art, dies zu tun. »Soziale, wirtschaftliche, kulturelle und politische Einrichtungen beizubehalten«, bedeutet nicht, dass diese unveränderbar sind. Es bedeutet, dass sie sich auf eine Zeit zurückführen lassen, als man noch von Kolonisatoren unbehelligt lebte.

Wie es materiell um indigene Gesellschaften bestellt ist, spielt für die Definition dieser Gesellschaften auch keine Rolle. Menschen hören nicht auf, indigen zu sein, nur weil sie nicht in extremer Armut leben (was die meisten indigenen Menschen tun). Die Sámi partizipieren an den nordischen Wohlfahrtsstaaten, weswegen es ihnen materiell relativ gut geht. Aber relative materielle Sicherheit ist nicht die einzige Voraussetzung für allgemeines Wohlbefinden. Dies soll unter anderem in dem vorliegenden Buch deutlich werden.

Romantisierung

»Bei allem Respekt für jene, die die Schweden bewundern, ich hätte lieber als Sámi gelebt«, schreibt der Blogger Louis Proyect in einer Kritik des schwedischen Wohlfahrtsstaates.[4] Man kann das sympathisch finden, aber es ist wichtig zu betonen, dass die Unterstützung antikolonialer Kämpfe nicht von einer Identifizierung mit den Kolonisierten abhängig ist. Die Unterstützung

---

3 United Nations Permanent Forum on Indigenous Issues, »Factsheet: Who Are Indigenous Peoples?«, 2015.

4 Louis Proyect, »Swedish Colonialism, Part 1: The Persecution of the Sami«, 7. Juli, 2015, www.louisproyect.org/2015/07/07/swedish-colonialism-part-1-the-persecution-of-the-sami/. Alle Übersetzungen nicht deutscher Quellen von Gabriel Kuhn.

des samischen Widerstandes gegen Kolonisierung darf also nicht davon abhängen, ob wir wie Sámi leben wollen; das Streben nach Gerechtigkeit steht für sich selbst.

Wir sollten nicht in die Falle der »edlen Wilden« tappen. Doch auch für Übervorsichtigkeit gibt es keinen Anlass. Wer mit Sámi zu tun hat, kann die häufigen Verweise auf das spirituelle Erbe und die Verbindung zum Land nicht leugnen. Die prominente samische Aktivistin Jenni Laiti formulierte das in einem Interview so: »Menschen wollen Lösungen. Wir haben die Lösungen, weil wir mit der Natur kommunizieren. Wir können ihre Sprache lesen.«[5] Dies ist Teil samischer Kultur und samischen Widerstands.

Auch die Friedliebigkeit der Sámi ist keine Erfindung. Nils-Aslak Valkeapää, der bekannteste Dichter Sápmis, wurde nie müde zu erklären, dass es für »Krieg« in der samischen Sprache kein Wort gäbe. Tatsächlich gab es in der Geschichte des antikolonialen Widerstands der Sámi genau einen gewaltsamen Aufstand – wir werden auf diesen zurückkommen.

Namen

Der Begriff *Sápmi* beschreibt nicht nur das traditionelle Siedlungsgebiet der Sámi, sondern wird auch für die Gesamtheit samischer Kultur, Spiritualität und Lebensweise verwendet. Der geografische Raum Sápmi (für den im Norwegischen und Schwedischen auch der mittlerweile veraltete Begriff *Sameland* verwendet wurde) ist nicht einheitlich definiert, da die Sámi vor der Ankunft der Kolonialherren keinen Grund hatten, ihn juristisch abzugrenzen. Die Karten auf den Seiten 16 und 17 vermitteln einen Eindruck der gängigsten Grenzziehungen.

---

5 Moa Sandström, »DeCo2onising Artivism«, in Marianne Liliequist und Coppélie Cocq, Hg., Samisk kamp: Kulturförmedling och rättviserörelse (Umeå: h:ström, 2017), S. 88.

Sámi ist eine Selbstbezeichnung für die samische Bevölkerung und setzte sich in den 1980er-Jahren in den nordischen Ländern durch. Davor war *lapp* der gängige Ausdruck in Schweden, Finnland und Russland. (In Norwegen sprach man von *finn,* nicht zu verwechseln mit *finne.*) Das Wort *lapp* hat, wie im Deutschen, stark negative Konnotationen und wird heute als beleidigend empfunden. *Lappland* ist jedoch immer noch der offizielle Name für die nördlichsten Provinzen Schwedens und Finnlands.

Sápmi ist eine vielsprachige Region, und Ortsnamen können verwirrend sein. Die meisten Orte haben mehrere Namen: einen samischen, einen »kolonialen« (das heißt einen norwegischen, schwedischen, finnischen oder russischen – in Grenzgebieten auch mehrere) und manchmal zusätzliche in Minderheitensprachen wie Kven oder Meänkieli. Außerdem unterscheidet sich die Rechtschreibung in den verschiedenen samischen Dialekten. So wird das Nordsamische *Sápmi* im Lulesamischen *Sábme* und im Südsamischen *Saepmie* geschrieben.

Bei Ortsnamen werden in diesem Buch konsequent samische Namen verwendet. Bei Erstnennung werden die international bekannteren kolonialen Namen in Klammern angeführt.

Werden samische Begriffe im Allgemeinen verwendet, ist die Schreibweise immer die nordsamische. Das Nordsamische ist der am häufigsten gesprochene samische Dialekt.

Eine politische Kurzgeschichte Sápmis

Überblick

Die samische Bevölkerung lässt sich nicht genau in Zahlen fassen. In den nordischen Ländern gibt es keine Registrierung ethnischer Zugehörigkeit. Selbstidentifikation spielt eine wichtige Rolle. Es ist nicht ungewöhnlich, in ein- und derselben Familie Menschen zu finden, die sich als Sámi identifizieren, und Menschen, die das nicht tun. Manche der bekanntesten Sámi, etwa der Eishockeystar Börje Salming oder die Skirennläuferin Anja Pärson, waren in der Öffentlichkeit lange Zeit nicht als Sámi bekannt.

Wer nach offiziellen Definitionen sucht, kann sich daran orientieren, wer für die samischen Parlamente in Norwegen, Schweden und Finnland wahlberechtigt ist. Es gibt zwei Hauptkriterien: Erstens muss man sich selbst als Sámi verstehen, und zweitens muss mindestens ein Großelternteil Samisch gesprochen haben. In Finnland gibt es eine weitere Möglichkeit, ins Wählerverzeichnis mitaufgenommen zu werden, nämlich wenn

Karte Sápmis mit samischen Ortsnamen

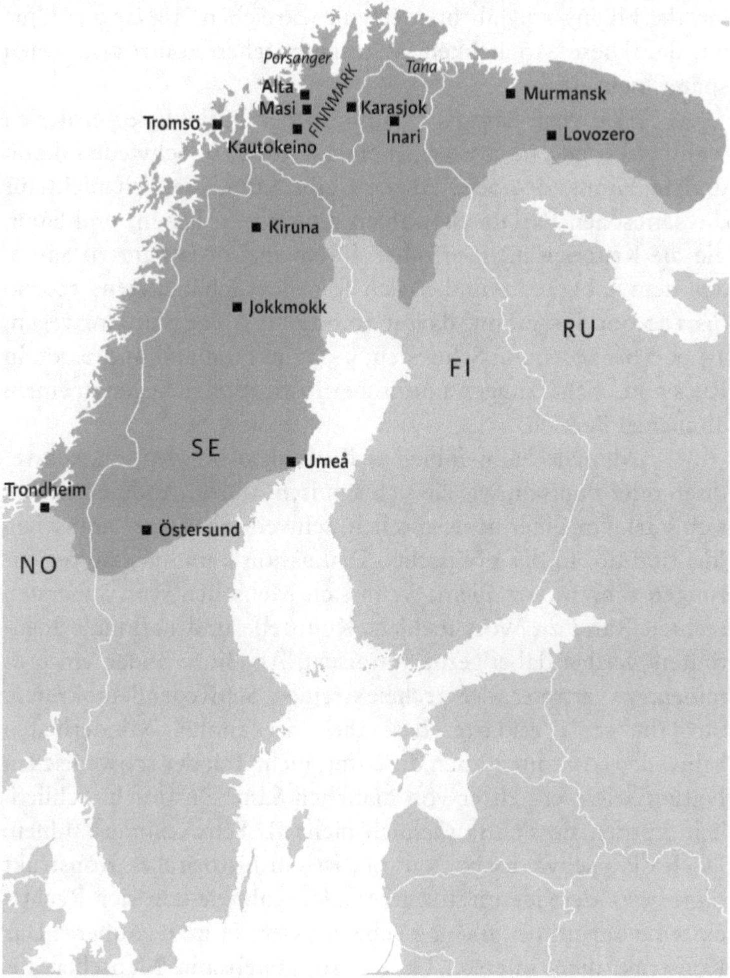

Karte Sápmis mit kolonialen Ortsnamen

man einen Vorfahren hat, der in einem der Bevölkerungsregister, die bis ins 17. Jahrhundert zurückreichen, als *lapp* geführt wurde. (Diese Möglichkeit ist ausgesprochen kontrovers. Dazu später mehr.)

Wie viele Sámi sind nun auf der Basis dieser Kriterien wahlberechtigt? In Norwegen etwa 17.000, in Schweden 9.000 und in Finnland 6.000. Aber es gibt Sámi, die sich nicht für die samischen Parlamentswahlen registrieren lassen, und Sámi, die die Kriterien nicht erfüllen. In einem UN-Bericht zu Sápmi aus dem Jahr 2011 finden sich folgende Schätzungen: 70.000 bis 100.000 insgesamt, davon 40.000 bis 60.000 in Norwegen, 15.000 bis 20.000 in Schweden, 9.000 in Finnland und 2.000 in Russland.[6] Schätzungen nordischer Institutionen liegen in einem ähnlichen Bereich.

Manche Sámi fühlen sich genauso norwegisch, schwedisch oder finnisch, wie sie sich samisch fühlen. Andere grenzen sich stark von einer norwegischen, schwedischen oder finnischen Identität ab. In der politischen Diskussion kann das zu Verwirrungen führen, vor allem, wenn sich Menschen vom äußersten rechten Rand zu Wort melden. Kulturelle und nationale Identitäten werden dabei gerne vermischt. Als Björn Söder, ein prominenter Vertreter der rechtsextremen Schwedendemokraten, im Jahr 2014 erklärte, dass die anerkannten Minderheiten Schwedens, darunter auch die Sámi, nicht Teil der schwedischen Nation seien, erhielt er von manchen Sámi Zuspruch. Schließlich würden sie sich tatsächlich nicht als Schwed:innen fühlen. Doch die »schwedische Nation« ist ein historisches Konstrukt ohne besondere identitäre Merkmale, egal, wie sehr sich Rechtsextreme darum bemühen, solche aus dem Hut zu zaubern. Das Konstrukt dient in erster Linie dazu, unliebsame Menschen aus

6 United Nations Human Rights Council, »Report of the Special Rapporteur on the Rights of Indigenous Peoples, James Arraya, Addendum: The Situation of the Sami People in Sápmi Region of Norway, Sweden, and Finland« (A/HRC/18/35/Add.2), 6. Juni 2011, S. 4.

der staatsbürgerlichen Einheit auszuschließen bzw. zu suggerieren, dass es sich um Staatsbürger:innen zweiter Klasse handelt. Während die Unterscheidung zwischen Sámi und Schwede alltagssprachlich Sinn machen kann, ist das auf politischer Ebene nicht der Fall. Hier ist deutlich zwischen kultureller Identität und Staatsbürgerschaft zu unterscheiden. Sámi mit schwedischem Pass sind auf dieser Ebene genauso schwedisch wie alle anderen Menschen mit schwedischem Pass, und es ist eine Schande für Politiker:innen, etwas anderes zu behaupten.

Auch innerhalb der samischen Gesellschaft wurden Unterschiede konstruiert, etwa jener zwischen Rentierhalter:innen und dem Rest. Rentierhalter:innen kommen Rechte zu, die anderen Sámi nicht zukommen, und sie werden im Allgemeinen als »echte« Sámi betrachtet. (Diese Sonderrechte erhalten Rentierhalter:innen jedoch nur kollektiv, sie werden ihren Organisationen und Vereinen zuerkannt. Als Individuen haben Sámi in keinem der nordischen Länder Sonderrechte.) Dabei sind heute weniger als zehn Prozent der samischen Bevölkerung in der Rentierhaltung beschäftigt, und auch historisch waren es nie viel mehr. Wahr ist, dass aufgrund der Bedeutung der Rentiere in der samischen Geschichte und Mythologie Rentierhalter:innen oft als »Traditionshüter:innen« gesehen werden, deren Aufgabe es ist, die samische Kultur zu erhalten.

Die samische Gesellschaft wird grob in folgende Gruppen unterteilt:

- Die *Bergsámi* machen eine kleine Gruppe innerhalb der samischen Gesellschaft aus (rund fünf Prozent), bestimmen jedoch das Bild, das die Öffentlichkeit von den Sámi hat. Sie halten große Rentierherden, mit denen sie sich auf lange Reisen zwischen Weidegebieten begeben. Tausende Kilometer können dabei pro Jahr zurückgelegt werden.
- Die *Waldsámi* halten kleinere Rentierherden in Waldgebieten. Die Weideflächen sind um vieles geringer als bei den Bergsámi. Waldsámi haben oft weitere Einkommensquellen wie Landwirtschaft, Jagd, Fischerei und Handwerk.

- Die *Küstensámi,* die größte der samischen Gruppen, leben entlang der Nordküste Norwegens. Traditionell waren sie Fischer:innen, heute gehen sie vielen Professionen nach.
- Bei den *Flusssámi* handelt es sich um Lachsfischer:innen entlang des Flusses Deatnu (Tanaelv/Tenojoki) an der norwegisch-finnischen Grenze.

Diese Kategorien helfen, einen historischen Überblick über die samische Gesellschaft zu erhalten. Die Mehrheit der Sámi fällt heute jedoch in keine von ihnen. Mehr als die Hälfte aller Sámi leben mittlerweile in den im Süden der nordischen Länder gelegenen Großstädten, wo sie allen möglichen Berufen nachgehen. Zwar werden Begriffe wie »Asphaltsámi« verwendet, um sie zu diskreditieren, doch sie sind ein starker und selbstbewusster Teil der samischen Gesellschaft.

Als Resultat der Kolonisierung Sápmis machen die Sámi heute auch in den meisten Kommunen des hohen Nordens eine gesellschaftliche Minderheit aus. Ausnahmen bilden die inneren Regionen der norwegischen Provinz Finnmark sowie die an Finnmark angrenzende finnische Kommune Ohcejohka (Utsjoki). Städte, in denen Sámi eine Mehrheit oder einen beträchtlichen Anteil der Bevölkerung bilden, sind Guovdageaidnu (Kautokeino) und Kárášjohka (Karasjok) in Norwegen, Aanaar (Inari) in Finnland, Jåhkåmåhke (Jokkmokk) in Schweden und Lujávri (Lowosero) in Russland. Dort finden sich auch die wichtigsten administrativen und kulturellen Einrichtungen und Bildungsstätten Sápmis.

Frühgeschichte und Sprache

Die genauen Ursprünge der Sámi sind unklar. Historiker:innen sind sich jedoch einig, dass die Sámi vom Uralgebirge aus Richtung Westen wanderten und vor etwa 4.000 Jahren Fennoskandia erreichten, die große Halbinsel, die Skandinavien, Finnland, Karelien und die Kola-Halbinsel umfasst. Dort besiedelten die Sámi die Nordküste des heutigen Norwegens und später Gebiete weiter südlich, bis in die schwedische Provinz Härjedalen, die nur rund 400 Kilometer nördlich von Oslo liegt.

Die samische Sprache bestätigt die Ursprünge der Sámi im Ural. Sie zählt zur finnougrischen Sprachfamilie. Im Laufe der Zeit bildeten sich verschiedene Dialekte heraus, Linguist:innen sprechen von elf. Der samische Literaturwissenschaftler Harald Gaski hat das Verhältnis zwischen den samischen Dialekten wie folgt beschrieben: »Sprecher benachbarter Dialekte können einander durchaus verstehen. Eine Nachricht kann vom Süden Sápmis in den Norden wandern und dort mehr oder weniger unverändert ankommen. Aber die Dialekte am Start- und Endpunkt der Reise unterscheiden sich so wie das Norwegische vom Deutschen.«[7]

Der am meisten gesprochene samische Dialekt ist der nordsamische. Er wird von 15.000 bis 20.000 Sámi verwendet. Lulesamisch wird von rund 2.000 Sámi gesprochen. Alle anderen Dialekte beherrschen weniger als 1.000 Sámi, manche haben nur ein paar Hundert Sprecher:innen. Kemisamisch und Akkalasamisch, einst im Osten Sápmis in Gebrauch, gelten als ausgestorben.

Die Mehrheit der heutigen Sámi ist der samischen Sprache nicht mächtig, doch aufgrund intensiver Sprachförderungsprogramme wächst die Anzahl der Sprecher:innen seit einiger Zeit. Die Förderungsprogramme schlagen sich in samischen Bildungseinrichtungen (von der Kita bis zur Volkshochschule) ebenso nieder wie in staatlich geförderten samischen Radio- und Fernsehprogrammen. Es gibt auch eine rege samische Publikationslandschaft.

Ihren Lebensunterhalt sicherten sich die Sámi traditionell mit Jagd und Fischfang. Als Jäger:innen in der Arktis gelten die Sámi als Erfinder:innen des Skis. Mehrere Tausend Jahre alte Steinmalereien beinhalten entsprechende Abbildungen.

---

7 Harald Gaski, »The Sami People: The ›White Indians‹ of Scandinavia«, American Indian Culture and Research Journal, 17:1 (1993), S. 116.

Rentiere wurden früh domestiziert und als Arbeitstiere verwendet. Die Zucht und der Aufbau großer Herden begannen jedoch erst im 16. Jahrhundert. Seitdem spielen Rentiere nicht nur in der samischen Mythologie eine wichtige Rolle, sondern wurden für viele Sámi zur Lebensgrundlage und zu einem Identitätsmerkmal sowie Grundpfeiler der gesamten samischen Kultur.

Anthropolog:innen haben traditionelle samische Gemeinschaften als nomadische »Gesellschaften ohne Staat«, in manchen Fällen auch als »anarchistisch« beschrieben.[8] Traditionelle samische Gemeinschaften bestanden aus etwa 100 Personen, die zusammen umherzogen. Die Parallelen zu manchen der indigenen Gesellschaften Nordamerikas sind frappierend. Sie reichen von einer sehr ähnlichen musikalischen Tradition über die Verwendung schamanischer Trommeln bis zur Form der Zelte, die man auf Wanderschaft mit sich trug. Hier ist ein Überblick über einige Schlüsselbegriffe samischer Kultur:

- *Siida* wird die traditionelle samische Gemeinschaft genannt. In Norwegen wird der Name immer noch für Vereinigungen von Rentierhalter:innen verwendet. Es gibt auch eine politische samische Bewegung, die wieder an die gesellschaftlichen Strukturen der *siida* anknüpfen will.
- Der *luohti,* der traditionelle Gesang der Sámi, ist allgemein als Joik bekannt. Es handelt sich um einen gutturalen Gesang, der eine Person oder einen Platz präsent macht (eher als dass er diese repräsentieren würde, die Unterscheidung ist den Sámi wichtig).
- *Duodji* wird oft als »samisches Handwerk« beschrieben, da unter diesem Namen Gegenstände des alltäglichen Gebrauchs gefertigt werden (von Messern bis Kleidern), doch samische Kulturwissenschaftler:innen betonen, dass »*duodji* sowohl der Gegenstand als auch die Produktion des Gegenstands«

8 Christian Mériot, Samema (Furulund: Alhambra, 1994), S. 4.

sei, es sich also um eine kulturelle Praxis handle, die »Material, Arbeit und Produkt in die samische Epistemologie« einbinde.[9]

• *Gákti* bezeichnet traditionelle samische Kleidung, meist farbenfroh, in charakteristischer Form und mit Details, die Informationen zum sozialen Status, den familiären Verhältnissen und dem geografischen Ursprung der Träger:innen preisgeben.

• Ein *goahti* ist eine samische Unterkunft, die aus unterschiedlichen Materialien (Leinen, Holz, auch Moos) bestehen und sowohl feststehend als auch beweglich sein kann; die bekannteste Form ist das *lávvu*, ein Zelt, das an nordamerikanische Tipis erinnert.

• *Noaidi* wird oft mit »Schamane« übersetzt. *Noaidi* spielen für die samische Spiritualität eine wichtige Rolle. Ihnen werden heilende und hellseherische Fähigkeiten zugeschrieben. Samische Spiritualität wird von Religionswissenschaftler:innen meist als Animismus klassifiziert. Der samische Historiker Aage Solbakk äußerte sich so: »Hier in Sápmi ist die gesamte Natur lebendig. Alles hat eine Seele, ob es sich um eine Birke oder um einen Stein handelt, einen See oder einen Bach.«[10]

• Eine *goavddis* ist eine traditionelle samische Trommel, die für zeremonielle und spirituelle Zwecke verwendet wird.

• Ein *sieidi* ist ein heiliger Platz, oft in Form einer ungewöhnlichen Steinformation.

1600–1900: Kolonisierung und Rebellion

Die Sámi begannen mit anderen Gesellschaften zu handeln, als diese während der Wikingerzeit (800–1050) die Nordküste Skandinaviens erreichten. Die Sámi tauschten Tierhäute, Pelze, Federn und Walrosszähne gegen Salz, Metallklingen und Mün-

9 Let the River Flow: The Sovereign Will and the Making of a New Worldliness, Ausstellungskatalog, 2018, S. 10.

10 Zitiert nach Samernas tid, del 2: Gränser genom Sápmi, Dokumentarfilm (2017).

zen. Wenn es stimmt, dass Harald I. »Schönhaar« (852–933), Norwegens erster König, mit Snøfrid die Tochter einer samischen Familie heiratete, würde es bedeuten, dass den Sámi damals durchaus Macht zukam. Doch immer aggressiverer Handel, staatliche Verwaltung und Steuerabgaben bereiteten den kleinen, unabhängigen samischen Gemeinschaften ab Ende des Mittelalters zunehmend Probleme.

Ein einschneidendes Ereignis war der Bau der ersten Silbermine in Sápmi im Jahr 1635, nahe Árjepluovve (Arjeplog) in Schweden. Sie brachte viele Siedler:innen aus dem Süden in die Region und führte dazu, dass Land in Sápmi immer begehrter wurde. Sámi wurden zur Zwangsarbeit verpflichtet. Widerstand wurde nicht toleriert. Eine Form der Wasserfolter war besonders berüchtigt: Sámi wurden in einem zugefrorenen See unter der Eisschicht mit einem Seil von einem Loch zu einem anderen gezogen.

Eine Folge war die erste samische Migrationswelle in den Süden, wo Sámi sich als Landstreicher:innen, Bettler:innen und Hilfskräfte durchschlugen. Im Schwedischen wurde *fattiglapp*, »armer Lapp«, zu einem gängigen Begriff.

Schlimmer noch als Zwangsarbeit und physische Strafe werden von samischen Historiker:innen die kulturellen Konsequenzen der Kolonisierung beschrieben. Victoria Harnesk von der Samischen Vereinigung Stockholm meinte im Jahr 2004: »Wir, die Sámi, wurden nicht Opfer eines blutigen Genozids, sondern eines kulturellen, ›soften‹ Genozids, heimlich, aber effektiv gesteuert vom schwedischen Staat, der uns unseres Landes, unseres Wassers, unserer Sprache, unserer Religion, unserer Identität und unserer traditionellen Lebensgrundlagen beraubte.«[11]

Die Anzahl der Siedler:innen in Sápmi stieg im 17. Jahrhundert zunehmend an. Den Siedler:innen wurden von der

11 Victoria Harnesk, »You Have to Be Visible – to Exist?«, Offener Brief an den schwedischen Ministerpräsidenten Göran Persson und den Generalsekretär der Vereinten Nationen Kofi Annan anlässlich der Stockholm International Forum Conference on the Holocaust, 25. Januar 2004. Zitiert nach www.klevius.info/genocide-1.pdf.

schwedischen Regierung freies Land und Steuererleichterungen versprochen. Christliche Missionare gesellten sich unter sie. Die Christianisierung der Sámi war rücksichtslos, *goavddis* wurden konfisziert, *sieidi* zerstört und *noaidi* auf dem Scheiterhaufen

Im 18. Jahrhundert waren die kolonialen Strukturen in Sápmi fest etabliert. Was wir heute als »Landgrabbing« kennen, war genauso gewöhnlich geworden wie Zwangsumsiedlungen von samischen Rentierhalter:innen, wenn ihre Weideflächen für Entwicklungsprojekte (Bergbau, Holzwirtschaft, permanente Siedlungen) gebraucht wurden.

verbrannt, allein in Finnmark 40 von ihnen. Das Christentum wurde rasch zur Hauptreligion der Sámi – zumindest offiziell. Viele Sámi, die sich zum Christentum bekannten und an Gottesdiensten teilnahmen, gingen im Geheimen weiterhin traditionellen samischen Praktiken nach.

Im 18. Jahrhundert waren die kolonialen Strukturen in Sápmi fest etabliert. Was wir heute als »Landgrabbing« kennen, war genauso gewöhnlich geworden wie Zwangsumsiedlungen von samischen Rentierhalter:innen, wenn ihre Weideflächen für Entwicklungsprojekte (Bergbau, Holzwirtschaft, permanente Siedlungen) gebraucht wurden. Sámi, die sich widersetzten, mussten damit rechnen, dass Siedler:innen ihre Rentiere niedermetzelten. Die Sámi, politisch nicht organisiert und ohne kriegerische Tradition, hatten dem wenig entgegenzusetzen. Sie wurden vom Staatsapparat überrollt.

Zur ersten samischen Revolte kam es im Zusammenhang mit einer pietistischen Erweckungsbewegung, die der Priester Lars Levi Læstadius, selbst samischer Abstammung, in den 1830er-Jahren initiierte. Læstadius verwies in seinen Predigten immer wieder auf die samische Mythologie und scharte samische Anhänger:innen um sich. Gleichzeitig wandte er sich entschieden gegen gewisse Aspekte der samischen Kultur, zum Beispiel den Joik. Er forderte Abstinenz, Buße und eine Zurückweisung aller weltlichen Werte.

Der Erfolg von Læstadius wird auf die Krise zurückgeführt, in der sich die samische Gesellschaft Mitte des 19. Jahrhunderts befand. Der moralische Konsens, der die samische Gesellschaft jahrhundertelang geprägt hatte, war verlorengegangen. Der Diebstahl von Rentieren hatte sich zu einem enormen Problem entwickelt, Alkoholismus war weit verbreitet. Læstadius versprach, der Misere mithilfe strenger moralischer Richtlinien entkommen zu können. Für die samische Identität wurde der Læstadianismus zu einem zweischneidigen Schwert: Er verlieh vielen Sámi Stolz und Selbstbewusstsein, löschte jedoch gleichzeitig wesentliche Bestandteile ihrer Kultur aus. Læstadianische Gemeinden gibt es bis heute, nicht nur in Sápmi, sondern auch in Nordamerika.

1852 inspirierte der Læstadianismus den Aufstand von Guovdageaidnu, ein Ereignis, das samische Historiker:innen als »Teil einer globalen Geschichte von Konflikten zwischen indigenen und kolonialen Kräften« sehen.[12] Bereits in den Jahren zuvor hatten Anhänger:innen von Læstadius in der Region um Guovdageaidnu begonnen, die Anweisungen norwegischer Behörden und der Norwegischen Kirche zu missachten. Sie kritisierten zudem die kommerziellen Interessen, die immer stärkeren Einzug in Sápmi hielten, vor allem den Alkoholhandel. Regelmäßig kam es zu Auseinandersetzungen mit Regierungsbeamten und Klerikern, Sámi wurden verhaftet und eingesperrt.

Der Konflikt eskalierte am 8. November 1852, als sich eine Gruppe von 50 Sámi nach Guovdageaidnu aufmachte, um ein Exempel zu statuieren. Die Sámi ermordeten den Staatsbeamten Lars Johan Bucht und den Kaufmann Carl Johan Ruth, bevor sie von den Bewohner:innen der Stadt überwältigt wurden. Im Januar 1853 wurde ihnen der Prozess gemacht. Zwei

12 Let the River Flow, S. 16.

angebliche Anführer, Aslak Jacobsen Hætta und Mons Aslaksen Somby, wurden zum Tode verurteilt und hingerichtet. 20 weitere Sámi wurden in Straflager geschickt, manche von ihnen sollten dort den Rest ihres Lebens verbringen. Doch 1867 wurde der Letzte von ihnen begnadigt.

Der Aufstand von Guovdageaidnu hat tiefe Spuren im kollektiven Gedächtnis der Sámi hinterlassen. Er machte das Schicksal der Sámi zu jener Zeit bekannter, doch an ihrer Lage änderte sich wenig. Im Gegenteil, die Repression verschärfte sich. Wieder suchten viele Sámi in der Emigration einen Ausweg. Einige Hundert ergriffen die Möglichkeit, nach Alaska zu ziehen, wo Ende des 19. Jahrhunderts die Rentierhaltung eingeführt wurde. Andere schlossen sich der Welle von Arbeitsmigrant:innen aus ganz Europa an, die in die sogenannte Neue Welt aufbrachen. Heute spricht man von rund 30.000 Nachfahren samischer Einwanderer:innen in Nordamerika.[13] Zu den berühmtesten zählen die Sängerin Joni Mitchell und die Schauspielerin Renée Zellweger.

Das 20. Jahrhundert: Nationalstaaten und samische Organisierung

Die nationalen Grenzen, die durch Sápmi gezogen wurden, änderten sich im Laufe der Jahrhunderte immer wieder. Dänische, norwegische, schwedische und russische Monarchen verteilten das Gebiet jeweils neu unter sich. Die Grenzen trennten Familien, schnitten die Wanderrouten von Rentierherden ab und konfrontierten die Sámi mit einem bürokratischen Apparat, der ihnen bis dahin völlig unbekannt war. Wenn ihre Weideflächen sich auf mehrere Staatsgebiete verteilten, waren Rentierhalter:innen gezwungen, an bis zu drei Staatsregierungen Steuern zu entrichten.

---

13 »Sami History«, Sami Cultural Center of North America, http://www.samiculturalcenter.org/sami-history-and-culture/sami-history/.

Sámi werden nie müde, ihre gemeinsame Identität zu betonen, die vor willkürlich gezogenen Staatsgrenzen nicht haltmachen. Gleichzeitig schaffen die nationalstaatlichen Trennungen unterschiedliche Bedingungen für die Sámi, je nachdem, auf welcher Seite der Grenze sie landen. Selbst die kulturell und politisch relativ homogenen nordischen Staaten unterscheiden sich, wenn es um Sprache, Gesetzgebung oder Bildungssystem geht. All das hat Auswirkungen auf die samischen Gemeinden.

Die heutigen Staatsgrenzen wurden Anfang des 20. Jahrhunderts gezogen. Norwegen wurde 1905 von Schweden unabhängig, Finnland 1917 von Russland. Mit der Russischen Revolution und den darauffolgenden Ost-West-Spannungen wurden die Sámi der russischen Kola-Halbinsel isoliert. Beinahe ein Jahrhundert lang gab es wenig Kontakt zur restlichen samischen Gesellschaft. Dies änderte sich erst mit dem Zusammenbruch der Sowjetunion 1991.

Anfang des 20. Jahrhunderts sahen sich die Sámi einer besonders perfiden Form des Missbrauchs ausgesetzt, gerechtfertigt im Namen der Wissenschaft. Vor allem in Schweden wurden Rassenbiologie und Eugenik für den Aufbau des »Volkheims« *(folkhemmet)* als wichtig erachtet. In Uppsala, an der ältesten und prestigeträchtigsten Universität des Landes, wurde 1922 das Staatliche Institut für Rassenbiologie gegründet, das bis zum Jahr 1958 Bestand hatte. Mediziner:innen wurden von dort aus nach Sápmi geschickt, um Schädel und Knochen zu vermessen. Eine stattliche Anzahl samischer Überreste landete in schwedischen Museen und Forschungseinrichtungen. In Schulen mussten sich samische Kinder für intime Fotoaufnahmen entkleiden. Jahrzehntelang kam es zu Zwangssterilisierungen; die entsprechende Gesetzgebung wurde erst 1976 abgeschafft.

In den 1930er-Jahren verfolgte die schwedische Regierung die Politik des »Sámi soll Sámi sein« *(lapp skall vara lapp)*. Die Sámi wurden als integrationsunfähig erachtet. Ihre Berufung war die Rentierhaltung, und ausschließlich für diese sollten ihre Kinder ausgebildet werden. (In Schweden und Norwegen ist die Rentierhaltung ausschließliches Recht der Sámi. In Finnland sind die Regelungen lockerer.) »Nomadenschulen« wurden gegründet, die es den samischen Kindern ermöglichten, mit ihren Eltern zu reisen. Was als Maßnahme erscheinen mag, die den besonderen Umständen der samischen Kultur Respekt zollte, bedeutete gleichzeitig den völligen Ausschluss der Sámi vom gesellschaftlichen Leben. Sie vertiefte außerdem die Kluft zwischen den Rentierhalter:innen und den übrigen Sámi. In den 1940er-Jahren wurde die Politik des »Sámi soll Sámi sein« aufgegeben.

In Norwegen und Finnland setzten die Regierungen stets auf Assimilierung. Sámi sollten ihre Tradition ablegen und sich in die Mehrheitsgesellschaft integrieren. In Norwegen sprach man offen von »Norwegisierung«. Samische Kinder wurden verpflichtet, Internatsschulen zu besuchen, die sie nur im Sommer und zu Weihnachten verlassen durften, um ihre Familien zu sehen. Sprachen sie in der Internatsschule Samisch, wurden sie bestraft.

Der norwegische Arzt Per Fugelli, der lange in Finnmark arbeitete, fasste die Formen der Alltagsdiskriminierung der Sámi in einem Artikel aus dem Jahr 1981 in beklemmender Weise zusammen:

»Die hohe Zahl der Menschen, die in Finnmark den Sámi mit rassistischen Vorurteilen begegnen, ist beunruhigend. Wenn ich von ›rassistischen Vorurteilen‹ spreche, meine ich Eigenschaften, die den Sámi als naturgegeben und unveränderbar zugeschrieben werden: Faulheit, Dummheit, Unzuverlässigkeit, mangelnde Hygiene, Alkoholismus, die Neigung zur Kriminalität und ein ständiges Fordern unangemessener Hilfeleistungen. [...] Ich würde auch die Vorstellung dazuzählen, dass Sámi der norwegischen Gesellschaft dankbar sein müssen, auch wenn ihnen die Sprache, die Normen und die Institutionen dieser Gesellschaft völlig fremd sind. Norweger wachsen damit auf. Kein Wunder, dass sie in diesem System den Sámi überlegen sind.

Ich will ein paar konkrete Beispiele nennen: Sámi wird mit Verachtung begegnet, wenn sie im Supermarkt nicht verstehen, wie viel sie zahlen müssen; auf Theaterbühnen macht man sich über das Norwegisch der Sámi lustig; in Briefen in Lokalzeitungen werden die Sámi als ›Parasiten‹ bezeichnet, die kostenlose Schneemobile und günstige Bankdarlehen erhalten, während sie die Zahl getöteter Rentiere übertreiben, um staatliche Entschädigung einzukassieren; ihnen wird vorgeworfen, ›asozial‹ zu sein, weil sie von der Gesellschaft nehmen, ohne zu geben; es wird behauptet, ihre Organisationen seien von Kommunisten oder überhaupt dem KGB unterwandert; samische Frauen mit ausgezeichneten Qualifikationen bekommen keine Anstellung als Hausangestellte, weil norwegische Eltern sie nicht in der Nähe ihrer Kinder haben wollen. [...] Ich habe norwegische Teenager getroffen, die gemobbt werden, weil sie samische Freunde haben. Ich habe auch – zum Glück in bescheidenerem Maße – extreme Beispiele für den Hass auf Sámi erlebt, zum Beispiel als ein samisches Mädchen aus einem norwegisierten Dorf vertrieben wurde, oder als Patienten zu mir kamen, die grün und blau geprügelt worden waren, nur weil sie traditionelle samische Kleidung getragen hatten.«[14]

Die Frage, ob es berechtigt ist, von einem anti-samischen »Rassismus« zu sprechen, ließe sich lange diskutieren, doch will ich es hier bei der Feststellung belassen, dass die Sámi diesen Begriff regelmäßig verwenden in Zusammenhang mit den Formen der Diskriminierung, denen sie sich ausgesetzt sehen.

Man muss sich freilich davor hüten, rassistische Haltungen einzig den nördlichen Nachbar:innen der Sámi in die Schuhe zu schieben. Als Per Fugelli die obigen Beobachtungen niederschrieb, war in vielen Restaurants in Oslo traditionelle samische Kleidung immer noch verboten. Außerdem ist es für Menschen, die in ihrem Alltag mit Minderheiten wenig zu tun haben, ein Leichtes, sich relativ großzügig zu zeigen, während sie von der Diskriminierung profitieren, die sie anderen in die Schuhe schieben – und das, obwohl sie oft dieselben Vorurteile mit sich herumtragen, die sich nur deshalb nicht im Alltag mani-

14 Per Fugelli, »Rasisme i Finnmark«, in Gunnar H. Gjenset, Hg., Samisk mot – norsk hovmod (Oslo: Pax, 1981), S. 84–85.

festieren, weil sie keinen Sámi begegnen. Ein Sprichwort in den nordischen Ländern besagt, dass den Menschen in den südlichen Provinzen das Schicksal der Sámi egal ist, während die Menschen in den nördlichen Provinzen die Sámi schikanieren. Beides ist wenig verdienstvoll.

Während diskriminierende Gesetzgebung heute weitestgehend verschwunden ist, bleibt die Alltagsdiskriminierung bestehen. Eine Untersuchung aus dem Jahr 2018 zum Vertrauen der Sámi ins schwedische Gesundheitssystem brachte ein verheerendes Resultat. Die Befragten meinten, dass traditionellen Heilmethoden keinerlei Beachtung geschenkt werde, und viele ihrer Sorgen nicht ernst genommen würden.[15] Psychische Probleme sind in Sápmi stark verbreitet, die Selbstmordrate liegt weit über dem europäischen Durchschnitt.

Die politische Organisierung der Sámi begann Anfang des 20. Jahrhunderts. Elsa Laula, 1877 auf der »schwedischen Seite« Sápmis geboren, wie es in den nordischen Sprachen heißt, wurde zur prominentesten Führungsfigur. Laula forderte eine pan-samische Bewegung, die sich nicht um die kolonialen Grenzen kümmern dürfe. 1917 organisierte sie in Tråante (Trondheim) die erste Samische Nationalversammlung. Das Datum des Treffens, der 6. Februar, ist heute samischer Nationalfeiertag. Elsa Laulas Porträt ist in Sápmi allgegenwärtig, es ziert Kunstwerke und Poster und findet sich als Graffiti auf zahlreichen Hauswänden.

Die Situation der Sámi in Russland verbesserte sich nach der Revolution 1917 kurzfristig. Dem bolschewistischen Prinzip »nationaler Selbstbestimmung« entsprechend wurden Gesetze erlassen, die die traditionelle Lebensweise der Sámi schützen und ihnen ein gewisses Maß an Autonomie zukommen lassen sollten. Dies änderte sich drastisch mit den stalinistischen Säuberungen. Nachdem Sámi aus Russland regen Austausch mit ihren Ver-

---

15 »Samers hälsa«, Region Norbotten, 25. September 2018, http://www.norrbotten.se/sv/Utveckling-och-tillvaxt/Folkhalsa/Fokusomraden/Samers-halsa/.

wandten in Finnland pflegten und mit ihren Rentieren gelegentlich die Grenze überquerten, verdächtigte man sie der Spionage. 1937 wurden 68 von ihnen von Sicherheitskräften abgeholt. Ihre Familien hörten nie wieder von ihnen. Erst Jahrzehnte später wurde offiziell verlautbart, dass sie hingerichtet worden waren. 1988 wurden sie rehabilitiert. Da waren die verbliebenen Sámi in Russland längst in die Kleinstadt Lujávri umgesiedelt worden.

Während des Zweiten Weltkriegs stellten alle Kriegsparteien Sámi als Spurenleser:innen an und verwendeten Rentiere zum Transport militärischer Ausrüstung. Finnmark war von der Wehrmacht besetzt. Als sich die Niederlage Deutschlands abzeichnete, betrieb diese eine Politik der verbrannten Erde, um das Vorrücken der Roten Armee zu verhindern. Finnmark wurde in Schutt und Asche gelegt, weniger als eine Handvoll von Gebäuden blieb intakt – auf einer Fläche, die so groß ist wie Dänemark. Die gesamte Bevölkerung Finnmarks wurde evakuiert, nur einige Hundert Bewohner:innen weigerten sich, die Provinz zu verlassen und harrten in selbst gebauten Unterkünften im Landesinneren aus.

Nach dem Krieg hatte die norwegische Regierung kein Interesse daran, Finnmark wieder zu besiedeln. Lieber wollte man die natürlichen Ressourcen der Region und ihre strategisch wichtige militärische Lage nutzen. Doch den Behörden war es nicht möglich, Tausende Menschen, Sámi und Nichtsámi, von der Rückkehr und dem Wiederaufbau ihrer Gemeinden abzuhalten.

Nach dem Zweiten Weltkrieg wurden vermehrt samische Organisationen gegründet. Zu den bedeutendsten zählten *Samii Litto* (Samische Union) in Finnland, *Norske Reindriftsamers Landsforbund* (Landesverband norwegischer samischer Rentierhalter) und *Svenska Samernas Riksförbund* (Nationaler Verband schwedischer Sámi). 1956 wurde der Nordische Samische Rat ins Leben gerufen. In diesem waren Repräsentant:innen samischer Organisationen aus Norwegen, Schweden und Finnland vereint. 1992 stießen samische Organisationen aus Russland hinzu und »Nordisch« verschwand aus dem Namen.

Ende 2023, während ich dieses Buch fertigstelle, liegen die Beziehungen zwischen den Sámi in Russland und den samischen Gemeinden in den nordischen Ländern wieder auf Eis, nachdem die samischen Organisationen in Russland den Kriegseinsatz in der Ukraine gutgeheißen haben, während sich die samischen Organisationen der nordischen Länder an die von den dortigen Regierungen erlassenen Sanktionen gegen Russland halten. Momentan nehmen keine Sámi aus Russland an Treffen des Samischen Rates teil. Wieder wird die Einheit der Sámi von geopolitischen Entwicklungen untergraben, auf die sie wenig Einfluss haben.

Der Samische Rat gilt oft als erste transnationale indigene Organisation. Für die Stärkung samischer Rechte und Interessen ist er von großer Bedeutung. Bis heute ist er die wichtigste politische Plattform der Sámi.

Die Rentierhaltung änderte sich in den 1960er-Jahren drastisch aufgrund der Motorisierung. Von besonderer Bedeutung war die Einführung des Schneemobils. Bis dahin waren samische Rentierhalter:innen gezwungen gewesen, riesige Distanzen mit Skiern zurückzulegen. Die gesamte Ausrüstung war auf Schlitten verstaut, die von Rentieren gezogen wurden. Das Schneemobil erleichtert nicht nur die Fortbewegung mit den Herden, es erlaubt den Rentierhalter:innen auch, weiter von den Herden entfernt zu wohnen. Nun ist man nicht mehr gezwungen, alle paar Tage sein *lávvu* woanders aufzustellen. Helikopter werden heute eingesetzt, um während besonders intensiver Arbeitsperioden, zum Beispiel der Markierung der Kälber, Hilfskräfte und Ausrüstung einzufliegen. (Alle Rentierhalter:innen haben ihre eigenen, offiziell registrierten Zeichen, die in die Ohren der Kälber geschnitten werden.) Mobiltelefone erleichtern die Kommunikation und GPS-Tracker die Orientierung.

Neue Technologien mögen die Rentierhaltung erleichtert haben, doch sieht sie sich anderen Gefahren ausgesetzt. Nach dem Zweiten Weltkrieg wurden in Sápmi zahlreiche Wasserkraftwerke gebaut. Allein am Fluss Lule in Schweden, der direkt durch Sápmi läuft, vierzehn Stück zwischen 1951 und 1977. Die

Dämme machen große Weidegebiete unbrauchbar und traditionelle Wanderrouten unpassierbar. Die erzeugte Energie geht zum größten Teil in den Süden der nordischen Länder, die Sámi haben davon keinen materiellen Nutzen.

Inmitten zunehmender Spannungen um die Energiepolitik in Sápmi präsentierte die norwegische Regierung 1968 Pläne für ein Wasserkraftwerk entlang des Flusses Áltá (Alta) im Norden Norwegens. Den ursprünglichen Plänen zufolge sollte eine gesamte samische Ortschaft, Máze (Masi), unter Wasser gesetzt werden. Nur der Kirchturm wäre noch sichtbar gewesen. Dieser Plan wurde nach breitem Widerstand nicht umgesetzt, am Kraftwerksbau selbst hielt die Regierung jedoch fest. Damit rief sie die bis dahin größte Mobilisierung samischen Widerstands hervor, die die nordischen Länder bis dahin gesehen hatten.

1979–1982: Der Áltá-Konflikt

Der Katalog einer Ausstellung, die 2018 an den Áltá-Konflikt erinnerte, beschrieb die damalige Protestbewegung so: »Die Bewegung gegen das Áltá-Wasserkraftwerk brachte die Geschichte im Norden Europas ordentlich durcheinander. […] Die Bewegung war genauso unerwartet wie breit. Solidarität kam von Menschen aus Sápmi, Norwegen, der ganzen Welt.«[16]

Wie diese Nachbetrachtung nahelegt, wurden die Áltá-Proteste nicht ausschließlich von Sámi getragen. Neben samischen Aktivist:innen rief sie Umweltschützer:innen, Fischer:innen und Teile der nicht samischen Lokalbevölkerung auf den Plan.

Eine führende Kraft bei den Protesten war die »Volksaktion« *(Folkeaksjon)*, ein 1978 gegründetes Netzwerk. Im November 1978 legte sie dem norwegischen Parlament eine Liste mit 15.000 Unterschriften gegen den Kraftwerksbau vor. 61 Prozent der Bewohner:innen der an das Kraftwerk angren-

---

16 Let the River Flow, S. 5.

zenden Gemeinden hatten unterschrieben. Die norwegischen Parlamentsabgeordneten waren davon unbeeindruckt. Einige machten sich gar über die Proteste lustig: »Ach so, wollen die Sámi also kein elektrisches Licht in ihren Häusern haben?« Die Mehrheit für den Kraftwerksbau im Parlament war deutlich.

Die samischen Aktivist:innen ließen sich dadurch nicht entmutigen. Ein Kürzel machte die Runde, das auch heute noch ein wichtiges Symbol des samischen Widerstandes ist: ČSV. Es kann unterschiedlich interpretiert werden, zu den möglichen Varianten zählen *Čohkke Sámiid Vuitui* (Organisiere die Sámi für den Sieg!) oder *Čállet Sámi Verddet* (Schreibt, samische Freund:innen!). Am häufigsten angeführt wird jedoch *Čájet Sámi Vuoiŋŋa* (Zeig den samischen Geist!). Ungeachtet der bevorzugten Deutung steht das Kürzel für samische Selbstsicherheit, die Stärkung der samischen Sprache und Kultur und den Kampf für samische Rechte.

Auch der Begriff *Sámáidahttan* (Samifizierung), der sich gegen die jahrzehntelange Assimilierungspolitik wandte, spielte in den 1970er- und 1980er-Jahren eine wichtige Rolle für das erwachte samische Selbstbewusstsein. Es gibt eine Anekdote, die in Stockholmer Künstlerkreisen kursiert: Als es zu jener Zeit schick wurde, samische Kunst zu kaufen, vereinbarte ein prominenter Stockholmer Kunsthändler ein Treffen mit zwei samischen Kunstschullehrern im tausend Kilometer entfernten Jåhkåmåhke. Als er dort eintraf, weigerten sich die Sámi, Schwedisch mit ihm zu sprechen. Unverrichteter Dinge musste er die Heimreise antreten. Ob die Geschichte wahr ist, weiß ich nicht, aber es ist bezeichnend, dass sie immer noch erzählt wird.

Bedeutend für die Entwicklung samischer Kunst war die Máze-Gruppe, die 1978 von sieben jungen samischen Künstler:innen an jenem Ort gegründet wurde, der ursprünglich vom Áltá-Wasserkraftwerk überschwemmt hätte werden sollen. Zu den Künstler:innen zählten neben der heute renommierten Malerin Synnøve Persen, die 2017 bei der documenta in Kassel ausstellte, auch Britta Marakatt-Labba, die mit der Stickerei *Garjját* (Die Krähen, 1983), die die Áltá-Proteste zum Thema hat, eines der berühmtesten samischen Kunstwerke überhaupt schuf.

Die internationale Unterstützung für die Áltá-Proteste war kein Zufall. In den 1970er-Jahren gab es eine starke internationale Organisierung indigener Gesellschaften. 1975 wurde auf Vancouver Island in Kanada der *World Council of Indigenous Peoples* (WCIP) gegründet. Erster Generalsekretär war der Sioux Sam Deloria, Bruder des prominenten Autors Vine Deloria Jr., dessen Hauptwerk *Gott ist rot* 1984 in deutscher Übersetzung im Trikont-Verlag erschien.

Samische Aktivist:innen spielten im WCIP eine tragende Rolle. Unter anderem organisierten sie den zweiten WCIP-Kongress 1977 in Giron (Kiruna). In den 1990er-Jahren löste sich der WCIP aufgrund interner Konflikte und finanzieller Ungereimtheiten auf. Bis heute gibt es keine entsprechende Nachfolgeorganisation.

1979 wurde auf dem Weg zum Baugelände des Áltá-Wasserkraftwerks ein Protestcamp errichtet. Fahrzeuge der Baufirmen wurden nicht durchgelassen. Das Camp wurde mehrere Monate lang aufrechterhalten, die Aktivist:innen trotzten Räumungsversuchen der Polizei ebenso wie Temperaturen im zweistelligen Minusbereich.

Die Áltá-Proteste erlangten eine neue Dimension, als sie sich auf Oslo ausdehnten. Im Oktober 1979 errichteten samische Aktivist:innen vor dem norwegischen Parlament ein *lávvu.* Sieben von ihnen traten nach einem erfolglosen Treffen mit Ministerpräsident Odvar Nordli in den Hungerstreik. (Diese Zahl ist umstritten. Eine Teilnehmerin des Hungerstreiks erzählte mir: »Es waren mit Sicherheit mehr, aber alle sagen, es waren sieben, also lass es sieben gewesen sein.«)

Der Hungerstreik endete eine Woche später, als Nordli den Kraftwerksbau vorübergehend stoppte und eine neue parlamentarische Untersuchung versprach. Synnøve Persen war beim Hungerstreik dabei. 2019 erklärte sie in einem Interview: »Die Woche des Hungerstreiks war eine der Wochen, in denen sich alles verändert. Die Menschen in Norwegen begannen zu verstehen, was in Sápmi vor sich ging. Sie hatten ja keine Ahnung. Die norwegischen Behörden wollten nicht, dass sie eine Ahnung hatten. Viele Menschen wussten nicht, dass wir außerhalb von Museen überhaupt existieren.«[17]

Die norwegische Regierung versuchte, Zeit zu gewinnen. Ohne besondere Veränderungen an den Plänen des Kraftwerksbaus wurden die Arbeiten Ende 1980 wieder aufgenommen. Als auf dem Weg zum Baugelände wieder ein Protestcamp errichtet wurde, wurde es von 600 Polizeibeamten, die mit einem Passagierschiff nach Áltá transportiert worden waren, geräumt. 900 Menschen wurden verhaftet, alle wurden gerichtlich belangt. Sámi aus Schweden und Finnland wurden deportiert.

Die Proteste verlagerten sich wieder nach Oslo. Ende Januar 1981 begannen fünf Sámi einen erneuten Hungerstreik. Anfang Februar trafen vierzehn samische Frauen Gro Harlem Brundtland, die kurz zuvor das Amt der Ministerpräsidentin übernommen hatte, in ihrem Büro. Als Brundtland das Treffen plötzlich verließ und trotz gegenteiliger Versprechungen nicht zurückkehrte, weigerten sich die Sámi, das Büro zu verlassen. Sie blieben über Nacht, ehe sie am Morgen von der Polizei aus dem Gebäude eskortiert wurden.

Der Hungerstreik dauerte bis zum 24. Februar. Drei der Streikenden waren nach Stockholm gereist, um der in Norwegen angedrohten Zwangsernährung zu entgehen. Als sie ihren Streik schließlich auf dringendes Anraten der Ärzte beendeten, hatte die norwegische Regierung keinerlei Zugeständnisse gemacht.

Die Volksaktion löste sich im Januar 1982 auf. Sie musste Jahren des Kampfes Tribut zollen.

Am 20. März 1982 wurde den Áltá-Protesten ein letztes dramatisches Kapitel hinzugefügt. Drei Aktivisten wollten mit einer Sprengladung eine Brücke auf dem Weg zum Baugelände beschädigen. Die auf einem Schneemobil transportierte Bombe

---

17 Gabriel Kuhn, Liberating Sápmi: Indigenous Resistance in Europe's Far North (Oakland: PM Press, 2020), S. 47.

explodierte vorzeitig und verletzte Niillas Somby schwer. Er verlor einen Arm und ein Auge. Sein Gefährte John Reier Martinsen brachte ihn ins Krankenhaus. Beide wurden verhaftet. Die dritte Person ist bis heute unbekannt.

Somby und Martinsen drohten Haftstrafen von bis zu 21 Jahren. Während eines Hafturlaubs gelang Somby die Flucht. Über Finnland erreichte er mithilfe von WCIP-Kontakten Kanada, wo ihn First Nations für zwei Jahre beherbergten. Die Nuxalk Nation adoptierte ihn. Er kehrte erst nach Norwegen zurück, als die Hauptanklagepunkte gegen ihn und Martinsen fallen gelassen wurden. Die Haftstrafe, zu der er schließlich verurteilt wurde, hatte er mit der Untersuchungshaft bereits abgesessen.

Niillas Somby ist eine Galionsfigur des samischen Widerstands. Junge Aktivist:innen holen sich bis heute bei ihm Rat. Martinsen kam 1986 bei einem Unfall mit seinem Hundeschlitten ums Leben; ein Schneemobilfahrer hatte ihn gerammt. Die genauen Umstände konnten nie geklärt werden.

Das Áltá-Wasserkraftwerk wurde 1987 eröffnet.

Nach Áltá: schrittweise zur Anerkennung

Obwohl sie ihr Ziel, den Bau des Wasserkraftwerks zu verhindern, nicht erreichte, wird die Protestbewegung gegen das Áltá-Wasserkraftwerk in der samischen Gesellschaft als Erfolg gefeiert. Sie brachte Sápmi nie dagewesene internationale Aufmerksamkeit und den Sámi kollektive Kraft und Selbstvertrauen. Der Historiker Björn Forseth fasste es so zusammen: »Die Schlacht um den Fluss Áltá war verloren gegangen, aber der Krieg wurde gewonnen.«[18]

1986 wurden vom Samischen Rat eine offizielle samische Hymne und eine Flagge angenommen. Der Text zur Hymne basiert auf dem Gedicht »Sámi soga lávlla« (Das Lied der Sámi),

18 Björn Forseth, Samelands historia (Solna: Ekelunds förlag, 2000), S. 270.

verfasst vom ersten samischen Parlamentsabgeordneten, dem Lehrer Isak Saba, der 1906 für die sozialdemokratische Partei ins norwegische Parlament einzog. Die Flagge wurde von Astrid Båhl gestaltet, in Anlehnung an einen Entwurf von Synnøve Persen. Der 6. Februar, der Tag, an dem 1917 die erste Samische Nationalversammlung abgehalten wurde, ist seit 1992 offizieller samischer Nationalfeiertag.

Die nordischen Regierungen erließen Reformen, wenn auch langsam. 1990 ratifizierte Norwegen als bisher einziges der Länder, die Sápmi unter sich aufteilen, ILO 169. 1993 richtete Schweden ein Samisches Parlament ein, so wie es Finnland und Norwegen schon zuvor getan hatten. 1994 trat Nils-Aslak Valkeapää bei der Eröffnung der Olympischen Winterspiele im norwegischen Lillehammer auf. Drei Jahre zuvor hatte er bei der Annahme eines Literaturpreises des Nordischen Rates (nicht mit dem Samischen Rat zu verwechseln) noch dagegen protestiert, dass neben den Flaggen der nordischen Länder keine samische hing. 1997 hielt der norwegische König Harald V. vor dem Parlament eine Rede, in der er sich für die Ungerechtigkeiten, die den Sámi widerfahren waren, und für die Politik der Norwegisierung entschuldigte. 2005 wurde der Finnmark-Beschluss verabschiedet, der die samische Bevölkerung der Provinz in die Verwaltung des Bodens miteinbezieht. Im selben Jahr übernahm mit Helga Pedersen erstmals eine Sámi ein Ministeramt – sie wurde zur norwegischen Ministerin für Fischfang und Küstenangelegenheiten ernannt. 2021 verkündete die schwedische Regierung, eine Wahrheitskommission zur Aufarbeitung der den Sámi widerfahrenen Ungerechtigkeiten einzusetzen, womit sie entsprechenden Entscheidungen in Norwegen und Finnland folgte. Abschlussberichte werden in den kommenden Jahren erwartet.

Viel hat sich auf kultureller Ebene getan. Es sind viele neue samische Bildungsstätten entstanden, Sámi sind heute in nationalen Medien präsent, es erscheinen zahlreiche von Sámi produzierte Bücher, Fernsehserien und Filme. Nils Gaups *Pfadfinder* wurde 1987 für einen Oscar als bester ausländischer Film nominiert. 2008 erschien mit *Die Rebellion von Kautokeino* ein Spielfilm Gaups, der die Geschichte der samischen Rebellion von 1852 erzählt. 2016 feierte der schwedisch-samische Film *Sameblod* internationale Erfolge. (In den deutschsprachigen Ländern lief er unter dem unglücklichen Titel *Das Mädchen aus dem Norden*).

Es gibt heute einen samischen Christopher Street Day, einen im Fernsehen ausgestrahlten Musikwettbewerb unter dem Namen Sámi Grand Prix und samische Sportwochen, unter anderem mit Lassowerfen und Rentierrennen. Das samische Fußballteam der Frauen gewann 2022 die erste CONIFA-Meisterschaft für Frauenteams (CONIFA steht für *Confederation of Independent Football Associations* und bringt Teams aus autonomen Gebieten zusammen, die vom internationalen Fußballverband FIFA nicht anerkannt werden) – allerdings war Tibet das einzig andere Team, das antrat.

Die Palette der samischen Musiker:innen, die von sich reden machen, reicht von Mari Boine, die samischen Gesang mit musikalischen Traditionen aus aller Welt verbindet, über Rapper wie Kitok und Amoc (Amoc rappt auf Inarisamisch, das von knapp 300 Menschen gesprochen wird) bis zur Hardcore-Band Ondt Blod. Samische Musiker:innen vertreten die nordischen Länder immer wieder beim Europäischen Songcontest, zuletzt Fred Buljo als Teil der norwegischen Gruppe KEiiNO im Jahr 2019. Darstellende Künstler:innen aus Sápmi hatten bei der Biennale 2022 in Venedig zum ersten Mal einen eigenen Pavillon.

Kulturelle Aspekte waren für den samischen Widerstand immer wichtig. Der Literaturwissenschaftler Harald Gaski schreibt: »Das politische Erwachen der Sámi war in erster Linie kulturell.«[19] 1979 fand in Gárasavvon (Karesuando/Karesuvanto) ein fünftägiges Festival statt, das indigene Musiker:innen aus allen Erdteilen zusammenbrachte und als »Woodstock des

---

19 Harald Gaski, »Introduction«, Sami Culture in a New Era (Kárás johka: Davvi Girji, 1997), S. 17.

Nordens« gilt. Heute dienen das Kulturfestival Riddu Riđđu in Gáivuotna (Kåfjord, Norwegen), das Filmfestival Skábmagovat in Aanaar und der Wintermarkt in Jåhkåmåhkke als wichtige Treffpunkte für Sámi aus allen Teilen Sápmis.

All das ist positiv. Und doch brodelt es in Sápmi. Vor allem, weil die materiellen Verbesserungen mit den kulturellen nicht Schritt halten. Der Boden wird immer noch von den Regierungen in Oslo, Stockholm und Helsinki kontrolliert. Selbst der Finnmark-Beschluss konnte bis jetzt nicht halten, was er versprach. Die samischen Parlamente dienen in erster Linie der Repräsentation und internen Debatten, politische Macht haben sie keine.

Vor allem in der Tourismusindustrie ist die kulturelle Aneignung ein Problem. Unternehmen werben ungeniert mit samischen Stereotypen, sobald man sich nördlich des Polarkreises befindet.

Mit Kulturförderungen und symbolischen Gesten tun sich die Regierungen der nordischen Länder offenbar leichter. Vor allem der jüngsten Generation samischer Aktivist:innen reicht dies jedoch nicht. Sie bezweifeln nicht, dass es einen Fortschritt darstellt, wenn es Gelder für Sprachunterricht und samische Kindergärten gibt, wenn mehr Sámi im Fernsehen zu sehen sind, oder wenn samische Künstler:innen in Botschaften der nordischen Länder ausstellen dürfen. Doch wenn den Sámi keine politische Macht und keine Kontrolle über das Land eingeräumt werden, dann ist der Wert der kulturellen Anerkennung begrenzt.

Im schlimmsten Fall kann aus der kulturellen Anerkennung auch kulturelle Aneignung werden. So waren bei Weitem nicht alle Sámi glücklich darüber, dass Teile des Akkat-Wasserkraftwerks am Fluss Lule mit samischen Motiven bemalt wurden. Vor allem in der Tourismusindustrie ist die kulturelle Aneignung ein Problem. Unternehmen werben ungeniert mit samischen

Stereotypen, sobald man sich nördlich des Polarkreises befindet. In der finnischen Alpin-Ski-Metropole Levi kann man sich aus Spaß an der Freude mit samischen Kleidern und Rentieren fotografieren lassen. Mit den Sámi abgestimmt ist davon nichts. Genauso wenig wie viele der spirituellen Angebote, die auf (vermeintlich) samische Rituale zurückgreifen. Selbst gut gemeinte Versuche, die Sámi in die Popkultur zu integrieren, können fehlschlagen – etwa wenn im norwegischen Zeichentrickfilm *Free Jimmy* (2006) neben veganen Straight-Edger:innen und einem Elefanten auf Drogen auch eine samische Biker-Gang auftaucht.

Es überrascht in diesem Kontext nicht, wenn die offizielle Vergangenheitsbewältigung der nordischen Regierungen von den Sámi mit einer gewissen Skepsis beäugt wird. Für sie darf die Auseinandersetzung nicht in der Vergangenheit stecken bleiben, es geht um eine bessere Zukunft. Der Präsident des Samischen Rates Aslak Holmberg meinte 2021 in einem Interview zur Wahrheitskommission in Finnland: »Es ist wichtig, dass die Arbeit der Kommission den Blick auch auf die Gegenwart und Zukunft richtet. Welche Strukturen unterdrücken und marginalisieren die Sámi auch heute noch? In welcher Form leiden wir immer noch unter dem kolonialen Erbe? Wie lässt sich unsere Lebenssituation verbessern? Wir brauchen Ideen, um die Zukunft besser zu gestalten.«[20]

20 »Hoffnung für Sámi«, junge Welt, 8. November 2021.

Grüner Kolonialismus

»25.000 neue Arbeitsplätze, 100.000 neue Einwohner.« Der hohe Norden Europas boomt. Der Grund: die grüne Energiewende. In Syöldate (Skellefteå), im schwedischen Teil Sápmis, wurde Ende 2021 die größte Fabrik Europas zur Produktion von Lithium-Ionen-Batterien in Betrieb genommen. Lithium-Ionen-Batterien werden vor allem in Elektroautos eingesetzt.

Der Standort ist kein Zufall. Neue Bergwerke in Norwegen und Schweden sollen Mineralien zugänglich machen, die für die Produktion der Batterien notwendig sind, ebenso wie für Sonnenkollektoren oder Windkraftanlagen.

Auch die größten Windparks Europas finden sich im Norden des Kontinents. In Finnland ist die »Arktische Eisenbahn« geplant, die das finnische Eisenbahnnetz mit der nordnorwegischen Hafenstadt Girkonjárga (Kirkenes) verbinden soll. Hier sollen unter anderem Kupfer und Eisenerz aus modernen Bergwerken ohne CO_2-Emissionen sowie Holz aus Wiederaufforstungsprogrammen transportiert werden. Besucht man die Websites der in Nordeuropa aktiven Firmen und Investoren, ist viel von »Nachhaltigkeit« und »Klimaneutralität« die Rede.

Doch was nach grüner Erfolgsstory klingt, ruft ausgerechnet Öko-Aktivist:innen auf den Plan. Vor allem die Sámi wehren sich gegen eine Entwicklung, die als Fortsetzung der jahrhundertelangen ökonomischen Ausbeutung Sápmis betrachtet wird. Die ökologische Fassade erscheint zynisch, statt von »grüner Wende« spricht man hier von »Grünem Kolonialismus«.

Vor allem die Sámi wehren sich gegen eine Entwicklung, die als Fortsetzung der jahrhundertelangen ökonomischen Ausbeutung Sápmis betrachtet wird. Die ökologische Fassade erscheint zynisch, statt von »grüner Wende« spricht man hier von »Grünem Kolonialismus«.

Für die Sámi bedeutet Grüner Kolonialismus, dass Sápmi zu einem Experimentierfeld für »grüne Energie« wird, die ihre traditionellen Lebensgrundlagen zerstört. Und damit Lebensweisen, die für sie nachhaltiger als jede noch so grüne Energiegewinnung sind. Dies wird in mehreren Bereichen deutlich.

Bergbau

Im norwegischen Teil Sápmis schloss der deutsche Kupferproduzent Aurubis 2020 einen außerordentlichen Vertrag ab. Für rund eine Milliarde Euro sicherte man sich für zehn Jahre die exklusiven Rechte am Ertrag der Kupfermine, die 2023 am Riehppovuotna (Repparfjord) nahe Hámmerfeastta (Hammerfest) in Betrieb genommen werden sollte. Das hatte eine historisch pikante Note. Das Unternehmen Aurubis ging aus der Norddeutschen Affinerie hervor, die während des Zweiten Weltkriegs Zulieferer für die deutsche Munitionsindustrie war. Der Riehppovuotna wiederum liegt in der Provinz Finnmark, die von der Wehrmacht am Ende des Krieges in Schutt und Asche gelegt wurde. Die Hauptgründe für den Widerstand gegen die Kupfermine waren jedoch andere. Samische Organisationen sorgten sich um die Auswirkungen auf ihre Fischgründe und Rentierherden.

Aurubis erklärte zunächst das Übliche: Durch den Betrieb der Mine würden in der dünn besiedelten Region neue Arbeitsplätze entstehen, außerdem sei sie die erste Kupfermine, die frei von CO_2-Emissionen ist, und die vergleichsweise kurzen Transportwege nach Hamburg (Kupferkonzentrate kommen meist aus Lateinamerika) würden zusätzliche Emissionen einsparen. Auch auf die Absegnung des Projekts durch die kommunalen Behörden wurde verwiesen. Das Problem: Die kommunalen Behörden sind auch in Finnmark nicht immer mehrheitlich von Sámi besetzt.

Nach einem Protestcamp, der Unterstützung durch junge norwegische Umweltschützer:innen und einer internationalen Kampagne kam die Kehrtwende. Aurubis verkündete im August 2021, aus dem Projekt auszusteigen. Das Unternehmen sah die »sozialen Nachhaltigkeitskriterien« nicht erfüllt.

Es war einer der größten Erfolge einer samischen Protestbewegung gegen die multinationalen Konzerne, die in Sápmi auf Kosten der Bevölkerung Geschäfte machen. Die Kupfermine ist damit freilich noch nicht verhindert. Doch das norwegische Unternehmen, das sie zu betreiben gedenkt, wird es nun um vieles schwerer haben, Abnehmer zu finden.

Im Kampf gegen Bergbauprojekte in Sápmi erhielt in den letzten Jahren der Ort Gállok (Kallak) am meisten Aufmerksamkeit. Hier, nahe der »schwedischen Sámi-Hauptstadt« Jåhkåmåhkke soll eine Eisenerzmine entstehen. Im Jahr 2006 sicherte sich das britische Unternehmen Beowulf Mining für zehn Jahre die Rechte, Probebohrungen durchzuführen. Dazu kam es nie. Wie im Falle Áltás blockierte eine breite Allianz aus Sámi und Umweltaktivist:innen den Weg zu den Baustätten. Eine prominente Rolle bei den Protesten spielte die grün-anarchistische Gruppe *Kolonierna*. Nicht zuletzt sie vermochte es, auch international zu mobilisieren. Junge Aktivist:innen aus zahlreichen Ländern schlossen sich dem Protestcamp an. Beowulf Mining tat durch eine missglückte Selbstdarstellung das Seine, um die Protestkampagne zu stärken. Bei einem Treffen mit Teilhaber:innen des Unternehmens zeigte der damalige Vorsitzende Clive Sinclair-Poulton im Jahr 2013 ein Bild, auf dem nichts als Wald zu sehen war. So sehe es in Gállok aus, meinte er. Die Frage, was die Lokalbevölkerung zu dem Projekt sagen würde, ließe sich daher am einfachsten mit einer Gegenfrage beantworten: »What Local People?« (»Welche Lokalbevölkerung?«) Die samischen Aktivist:innen nahmen das dankbar an. »Us Local People« (»Wir, die Lokalbevölkerung«) wurde zum Schlachtruf ihrer Kampagne.

Im Jahr 2016 entschied die schwedische Regierung, die Erlaubnis für Probebohrungen in Gállok auszusetzen. Eine Kommission solle sie neu prüfen. Es war ein Teilerfolg für die Protestbewegung, aber nicht mehr. 2022, sechs Jahre später, präsentierte die schwedische Regierung den Bericht der Kommission. Es gäbe keine schwerwiegenden Gründe, die Probebohrungen zu verbieten. Die Einwände der samischen Bevölkerung werden in dem Bericht mit keinem Wort erwähnt. Allerdings wurde eine neue Umweltprüfung eingefordert, die weitere Jahre dauern wird. Die Zukunft des Projekts ist damit nach wie vor offen.

Doch schon drohen neue Gefahren. Im Januar 2023 gab Jan Moström, Chef des staatlichen Bergbauunternehmens LKAB, bekannt, dass in Schweden der bedeutendste Fund an Seltenen Erden Europas gemacht worden sei. Die groß inszenierte Pressekonferenz fand in Giron in einem Schacht des weltweit größten Eisenerz-Bergwerks statt. An seiner Seite die schwedische Wirtschafts- und Energieministerin Ebba Busch.

Das Bergwerk in Giron, der nördlichsten Stadt Schwedens, wurde zu Beginn des 20. Jahrhunderts in Betrieb genommen. Vor Kurzem wurde die gesamte Stadt in einem zehnjährigen Prozess drei Kilometer weiter nach Osten verlegt. Das Bergwerk braucht Platz und geht vor, schließlich trägt es seit Jahrzehnten zum schwedischen Wohlstand bei. Zimperlich ist man dabei nicht: Während des Zweiten Weltkriegs ging das Eisenerz tonnenweise an die deutsche Kriegsindustrie. Die Bergarbeiter:innen selbst profitierten davon kaum. Erst ein zweimonatiger wilder

Streik zur Jahreswende 1969/70 führte zu entscheidenden Verbesserungen ihrer Arbeitsbedingungen.

Die Entdeckung in Giron passt zum Industrialisierungsschub im Norden Schwedens, der im Namen der »grünen Transformation« vollzogen wird. Die Metalle der Seltenen Erden werden für die Magnete von Windkraftanlagen benötigt und für die Motoren der Elektroautos, für die die Lithium-Ionen-Batterie-Fabrik in Syöldate die Energie liefern soll. Als Nebenprodukt soll in Giron außerdem Phosphor gewonnen werden, wesentlicher Bestandteil von Kunstdünger.

Der Journalist Arne Müller, der mehrere Bücher zur schwedischen Bergbauindustrie verfasst hat, ist einer von vielen, der meint, dass das herrschende Konzept der »grünen Transformation« mit Vorsicht zu genießen sei. Müller verweist in seinen Arbeiten auf den zusätzlichen Energieaufwand, den der Transformationsprozess erfordert, sowie auf die Tatsache, dass die weltweiten Vorräte an dazu notwendigen Rohstoffen nicht einmal annähernd ausreichen würden, um einen kompletten Wandel zu vollziehen. Ohne effektiveres Haushalten mit Energie und Rohstoffen ist für Müller keine grüne Transformation machbar.

Das deckt sich mit den Argumenten der Sámi, die bei einer Ausdehnung des Bergwerks in Giron die letzten Weideflächen in der Region verlieren würden. Karin Kvarfordt Niia, Sprecherin der Rentierhalter:innen in der Region, formulierte das in einem Interview so: »Der Begriff ›grüne Transformation‹ wird von der Industrie vereinnahmt, von großen Unternehmen, die Geld verdienen wollen. ›Grüne Transformation‹ sollte bedeuten, nachzudenken, bevor man etwas tut, und nachhaltige Entscheidungen zu treffen.«[21]

Die Sámi werden im Fall der Seltenen Erden freilich auch zum Spielball eines geopolitischen Konflikts. Sie sind sich dessen bewusst. In einer Pressemitteilung samischer Rentierhalter:innen, die einen Tag nach der pompösen Pressekonferenz im Bergwerk

21 »Industrie aus dem Häuschen«, junge Welt, 18. Januar 2023.

Girons veröffentlicht wurde, heißt es unter anderem: »Das einzige indigene Volk der EU wird für eine geringere Abhängigkeit von Mineralien aus China und Russland geopfert.« Ende 2023 kritisierte das Samische Parlament in Schweden die Verabschiedung des Europäischen Gesetzes zu kritischen Rohstoffen durch die EU scharf. Dem Gesetz zufolge müsse der Förderung von Metallen der Seltenen Erden in Europa Priorität zukommen.

Windkraft

Am 11. Oktober 2021 kam es zu einem Gerichtsurteil, das Adele Matheson Mestad, die Direktorin des Norwegischen Instituts für Menschenrechte, als »historisch« bezeichnete. Der Oberste Gerichtshof Norwegens entschied, dass zwei auf der Halbinsel Fosen errichtete Windparks gegen die in UN-Resolutionen verbürgten Rechte der Sámi als Ursprungsbevölkerung verstoßen würden.

Die Windparks auf Fosen, nahe Tråante, sind Teil der größten Konzentration von Windparks auf dem europäischen Festland. Zu den Teileigentümern zählen die Stadtwerke München. Die samischen Rentierhalter:innen, die Fosen als Weideland nutzen, organisierten früh Widerstand gegen die Parks. Als 2016 der Bau begann, formierte sich eine Bürgerinitiative mit dem Namen »Gegenwind«.

Die Auswirkungen der Windparks auf die Rentierzucht sind enorm. Kerstin Andersson von Amnesty Sápmi erklärte in einem Interview: »Die Forschung zeigt, dass Rentiere Windkraftanlagen meiden. Das Problem sind nicht nur die Turbinen. Jede Anlage verlangt Straßen und Stromnetze. Je mehr von ihnen gebaut werden, desto mehr Weideland verschwindet.«[22]

Auch kulturelle Gründe werden im Widerstand gegen die Windparks angeführt. Diese spielen vor allem im Falle des

---

22 »Grüner Kolonialismus«, junge Welt, 27. Oktober 2021.

Windparks Øyfjellet eine besondere Rolle, da sich dieser auf südsamischem Gebiet befindet, wo nur noch knapp 800 Menschen den lokalen Dialekt sprechen. Beinahe alle sind in der Rentierhaltung beschäftigt, an die der Erhalt der Sprache stark gekoppelt ist. Die Windparks, so das Argument, bedrohen damit auch das samische Kulturgut. Auch an dem Windpark Øyfjellet sind deutsche Unternehmen beteiligt. Die Investmentgesellschaft Aquila Capital mit Sitz in Hamburg besitzt alle Anteile am Unternehmen Øyfjellet Wind.

Wie ungeniert viele dieser Unternehmen ihre Profitinteressen verfolgen, wurde nicht zuletzt auf Fosen klar. Die Windparks dort wurden errichtet, obwohl das juristische Verfahren noch nicht beendet war. Seit dem Urteil des Obersten Gerichtshofs ist für die Rentierhalter:innen vor Ort klar, dass die 151 Turbinen abgerissen werden müssen. Doch das ist bisher nicht geschehen. Gar nichts ist bisher geschehen. Die Windparks sind weiter in Betrieb. Der Oberste Gerichtshof Norwegens ist für die Vollstreckung des Urteils nicht zuständig. Das ist die Aufgabe der norwegischen Regierung, die bisher keinen Handlungsbedarf sah.

Am Tag 500 nach der Urteilsverkündung besetzten ein Dutzend samischer Aktivist:innen, unterstützt von Mitgliedern der norwegischen Umweltorganisation »Natur und Jugend« *(Natur og Ungdom)*, den Eingangsbereich des norwegischen Erdöl- und Energieministeriums. Sie blieben dort vier Tage und Nächte, ehe sie durch einen nächtlichen Polizeieinsatz aus dem Gebäude entfernt wurden. Das Gebäude wurde daraufhin einige weitere Tage von außen blockiert, nun mit prominenter Unterstützung: Greta Thunberg, die sich immer wieder für die Rechte der Sámi stark macht, reihte sich in die Ketten ein. Die prominenteste Person in den Reihen der samischen Aktivist:innen war Ella Marie Hætta Isaksen, in ganz Norwegen als Sängerin der Popband ISÁK bekannt. Die Mitarbeiter:innen des Ministeriums wurden derweil ins Homeoffice geschickt. Schließlich versprach der norwegische Ministerpräsident Jonas Gahr Støre nach einem Treffen mit Vertreter:innen der Rentierhalter:innen auf Fosen, dass man Konsequenzen aus dem Urteil ziehen werde. Die Aktivist:innen beendeten die Blockade.

Aber denkste. Wieder geschah nichts. Und so errichtete der 22-jährige Rentierhalter Mihkkal Haetta aus Fosen genau zwei Jahre nach der Urteilsverkündung ein *lávvu* vor dem norwegischen Parlament mit der Ankündigung, dieses nicht zu verlassen, bis endlich etwas geschehe. Fünf Wochen harrte er mit wechselnden Unterstützer:innen dort aus. Schließlich musste er von dannen ziehen, wiederum vertröstet mit wenig mehr als Versprechungen.

Die Aktionsformen im Fall Fosen erinnern deutlich an den Widerstand der Sámi gegen den Bau des Áltá-Wasserkraftwerks. Die Geschichte der Áltá-Proteste wurde 2023 in dem samisch-norwegischen Spielfilm *Ellos Eatnu – Lasst den Fluss leben* bearbeitet, der auch während der Protestaktionen in Oslo immer wieder gezeigt wurde. In der Hauptrolle: Ella Marie Hætta Isaksen.

Holzwirtschaft

In einem 90-minütigen Dokumentarfilm mit dem Titel *Die letzte Generation*, 2015 auf Online-Plattformen hochgeladen, erzählt Henrik Andersson über sein Leben als Waldsámi. Auf YouTube hat der Film mehr als 50.000 Aufrufe. Das macht ihn zu einer bedeutenden Informationsquelle über das Leben der Sámi.

Andersson berichtet nicht nur über die Schwierigkeiten, mit denen er als Waldsámi in Schweden zu kämpfen hat, wo den Bergsámi immer mehr Aufmerksamkeit geschenkt wurde, weil sie das in der Mehrheitsbevölkerung verbreitete Bild der »exotischen« samischen Kultur befriedigten. Andersson ist auch im Widerstand gegen das Staatsunternehmen Sveaskog aktiv, das durch Rodungen die Existenz der Waldsámi bedroht. (Ein großer Teil des gewonnenen Holzes wird nach Deutschland exportiert.)

Andersson ist Mitbegründer und führende Figur der Gruppe *Skogsupproret* (wörtlich: »Der Aufstand des Waldes«), die unter dem Motto »Entkolonisiert Sápmi!« agiert. *Skogsupproret* arbeitet mit Klimabewegungen wie *Extinction Rebellion* zusammen. Unter anderem blockierte man gemeinsam im November 2020 das Sveaskog-Hauptquartier in Stockholm. Die mediale Aufmerksamkeit war groß.

In einem Interview sagte Andersson, dass die Zusammenarbeit mit nicht samischen Aktivist:innen im Begriff sei, sich zu verbessern: »Früher bekamen wir hie und da Unterstützung in Einzelfragen. Aber das ist uninteressant. Es geht um das gesamte Paket. Heikle Fragen wie Windkraft dürfen nicht ausgeklammert werden. Ich sage das den Leuten auch so: Entweder wir arbeiten auf ganzer Linie zusammen oder wir lassen es bleiben. Immer mehr von ihnen begreifen das.«[23]

Auch international ist Andersson inzwischen bekannt. Gleich zweimal war er auf Einladung von Solidaritätsgruppen im Jahr 2023 auf Infotournee in Deutschland.

Fischfang

Fischfang ist in Sápmi überall ein Thema, vor allem aber entlang des Flusses Deatnu, der über eine Strecke von 250 Kilometern die Grenze zwischen Finnland und Norwegen bildet. Seit Jahrhunderten fangen Sámi dort Lachse mit Netzen. Genau diese Fangmethode wurde jedoch im Jahr 2017 von den Regierungen Finnlands und Norwegens verboten, während die modernen Fangmethoden der Tourist:innen unbehelligt blieben. Am meisten profitieren von den neuen Regelungen finnische Staatsbürger:innen, die sich am Ufer des Flusses Hütten gekauft haben und damit gleichzeitig Lizenzen für den Fischfang erwarben.

Es ist kein Zufall, dass sich gerade im finnischen Teil Sápmis die Konflikte zwischen Sámi und Nichtsámi in den letz-

23 »Grüner Kolonialismus in Schweden«, analyse & kritik, 20. April 2021.

ten Jahren intensiviert haben. Die Sámi sehen sich ihrer Rechte durch allerlei Griffe in die formale Trickkiste beraubt. So nutzen etwa vermehrt Bewohner:innen der Region, die mit samischer Kultur nichts zu tun haben, jahrhundertealte, willkürlich zusammengestellte Bevölkerungsregister, die einen ihrer Vorfahren als vermeintlichen Sámi ausweisen, um bei den Wahlen für das Samische Parlament stimmberechtigt zu sein. Diese Möglichkeit gibt es nur in Finnland. Für die Sámi wird dadurch die gesamte Idee des Samischen Parlaments ad absurdum geführt.

Die Gruppe *Ellos Deatnu* (Lasst Deatnu leben!) organisierte 2018 Widerstand gegen die neuen Fischereigesetze. Unter anderem errichtete sie ein Camp auf einer der Inseln des Flusses und verkündete ein »Moratorium«. Die Mitglieder der Gruppe erklärten, dass sie den Regelungen nicht Folge leisten würden, und sie forderten andere Sámi dazu auf, dies ebenso wenig zu tun.

Die Behörden scheinen sich auf eine Art stillschweigenden Waffenstillstand geeinigt zu haben. Die Regelungen wurden seither nicht geändert, doch die Sámi, die sich nicht an sie halten, bisher nicht strafrechtlich verfolgt. Wie so oft in Sápmi ist die Zukunft ungewiss, und das letzte Wort liegt bei den nationalstaatlichen Regierungen – wogegen sich die Sámi zunehmend wehren.

Der Kampf ums Land

Die Regierungen der nordischen Länder haben die Bodenrechte in Sápmi weiter fest in ihrer Hand. Selbst in Finnmark hat sich seit dem Finnmark-Beschluss aus dem Jahr 2005 wenig getan. Zwar können Sámi nunmehr Rechte auf Gebiete anmelden, die sie traditionell für Jagd, Fischfang und Rentierhaltung nutzten, doch die Kommission, die über diese Eingaben entscheidet, hat bis heute alle abgelehnt. Der Finnmark-Beschluss wird dadurch zu einem Erlass, der sich in der Praxis als quasi irrelevant erweist.

In Schweden gelang dem Sameby Girjas (ein Sameby ist eine ökonomische Vereinigung von Rentierhalter:innen) im Jahr 2020 ein entscheidender Erfolg. Der Oberste Gerichtshof sprach ihm nach einem zehnjährigen Rechtsstreit die alleinige Verfügung über Jagd- und Fischereirechte auf dem ihm zugeteilten Gebiet zu. Das heißt unter anderem, dass nun das Sameby dort Jagd- und Fischerei-Lizenzen verkaufen darf, das Geld geht nicht mehr an andere.

Als Präzedenzfall kann dies zu zahlreichen ähnlichen Rechtsverfahren führen. Allerdings: Das Gebiet, auf dem das Sameby jetzt über die Jagd- und Fischereirechte verfügt, ist immer noch in staatlichem Besitz. Zu einer Umverteilung des Bodens kam es hier nicht, auch wenn konservative Kräfte dies gerne behaupten. »Bald können wenige Hundert Rentierhalter:innen die Hälfte Schwedens besitzen«, titelte eine angesehene schwedische Tageszeitung.

In Wirklichkeit trägt die staatliche Verwaltung der Weideflächen in Sápmi immer noch kafkaeske Züge. So erlaubt die norwegische Regierung zwar den Rentierhalter:innen des in Schweden gelegenen Samebys Saarivuoma, ihre traditionellen Weideflächen auf der norwegischen Seite der Grenze zu nutzen, ihre dort errichteten Hütten mussten sie jedoch wieder abreißen, da Hütten nicht der traditionellen Rentierhaltung entsprächen. Die Regierungen der nordischen Länder können Rentierhalter:innen auch zu Zwangsschlachtungen verpflichten, wenn die Zahl ihrer Rentiere die staatlichen Vorgaben übersteigt.

Wenn es um den Konflikt zwischen den Sámi und der vermeintlich Heil bringenden »grünen Transformation« geht, können auch progressive Stimmen für Letztere votieren. Ein Argument wie: »Global gesehen kann die Bedeutung der Rentierhaltung doch nicht mit dem Gewinn von Metallen der Seltenen Erden verglichen werden«, zieht bei vielen.

Samische Aktivist:innen betonen freilich, dass ihre Kritik am Grünen Kolonialismus sich nicht gegen die Klimabewegung richtet. Im Gegenteil. Wer in der Arktis lebt und arbeitet, beobachtet die negativen Auswirkungen des Klimawandels seit Jahrzehnten. Die Sámi gehörten zu den Ersten in Europa, die vor diesen warnten. Doch anstatt auf technologische Heilsversprechen setzen sie auf eine Form der Nachhaltigkeit, zu der sich indigene Gesellschaften jahrtausendelang fähig zeigten.

Die Angst vor der Umverteilung des Bodens ist der Hauptgrund, warum weder Schweden noch Finnland bis heute ILO 169 ratifiziert haben. Ein Skandal für Länder, die sich auf der internationalen Bühne gerne als progressiv geben und ihre diplomatischen Künste feilbieten. (Auch wenn sich das in nächster Zeit wohl ändern wird. Während ich dieses Buch schreibe, sind in beiden Ländern rechtsorientierte Regierungskoalitionen an der Macht.) Doch Artikel 14 der ILO-Konvention 169 ist deutlich: »Die Eigentums- und Besitzrechte der betreffenden Völker an dem von ihnen von alters her besiedelten Land sind anzuerkennen.«[24]

Gegenwärtig dient das Land in Sápmi nicht nur Energie-, Bergbau- und Holzunternehmen, sondern auch Tourismusanlagen, Automobilteststrecken (wenig überraschend mit reger deutscher Beteiligung) – und nicht zuletzt dem Militär.

Die militärische Präsenz in Sápmi ist unübersehbar. Das gilt nicht nur für die Armeen der nordischen Länder. Wer außerhalb der Tourismussaison auf Campingplätzen in Sápmi aufschlägt, befindet sich schnell in der Gesellschaft von US-Soldat:innen. Schon lange bevor Finnland und Schweden um NATO-Mitgliedschaft ansuchten, wurden NATO-Verbände zu militärischen Übungen nach Sápmi eingeladen. Diese tragen Namen wie »Cold Response« oder »Arctic Challenge Exercise«.

Mit der NATO-Mitgliedschaft Finnlands und Schwedens wird sich dies noch verstärken. (Norwegen ist NATO-Gründungsmitglied und stellt seit dem Jahr 2014 mit dem ehemaligen sozialdemokratischen Ministerpräsidenten Jens Stoltenberg gar den NATO-Generalsekretär.) Bereits heute ist in Sápmi eine erhöhte Frequenz der Militärflüge und Truppenbewegungen

---

24 Internationale Arbeitsorganisation, »Übereinkommen 169«.

zu beobachten, und im Nationalpark Ábeskovu (Abisko) wird der vom schwedischen Militär genutzte Hubschrauberlandeplatz aufgerüstet. Eine militärische Auseinandersetzung an der 1.340 Kilometer langen finnisch-russischen Grenze, bei der Sámi möglicherweise gezwungen werden, gegeneinander zu kämpfen, ist für die samische Gesellschaft ein Horrorszenario.

Neben konventionellen Militärübungen in Sápmi dient das Raumfahrtzentrum der »Swedish Space Corporation« in Giron als Basis für Geoengineering-Experimente. Was nach Science-Fiction klingt, ist gängige Praxis. Alles im Namen der Forschung. Im März 2021 konnten nur breite samische Proteste eine groß angelegte Testserie verhindern.

Auch innerhalb der samischen Gesellschaft kommt es zu Konflikten um das Land. Diese sind in der Regel Resultate der Kolonialgeschichte, etwa wenn Rentierhalter:innen zwangsumgesiedelt wurden, die versprochenen Weidegründe jedoch schon von anderen Rentierhalter:innen belegt waren.

Auch innerhalb der Vereinigungen von Rentierhalter:innen in Norwegen und Schweden (*Siida* bzw. *Sameby*) kommt es zu Meinungsverschiedenheiten. Anders Sunna, ein bekannter samischer Künstler, wettert beispielsweise nicht nur gegen die nordischen Regierungen, sondern auch gegen die »herrschende Klasse« in Sápmi. Damit meint er privilegierte Sámi, die es sich in der gegenwärtigen Situation bequem eingerichtet hätten und an einer grundlegenden Änderung der Verhältnisse nicht interessiert seien. Etwa samische Politiker:innen, denen ihre eigenen Interessen näher liegen würden als die der samischen Gesellschaft.

Sunnas Perspektive ist von einem langen Konflikt geprägt, der dazu führte, dass seine Familie aus einem Sameby ausgeschlossen wurde, weil sie sich weigerte, den staatlichen Auflagen Folge zu leisten. Seine Familie hätte von anderen Sámi viel zu wenig Unterstützung erhalten, meint Sunna. Seither betreibe sie, wie er es nennt, »Guerilla-Rentierzucht«.

Selbstbestimmung

Von »Kolonisierung« zu sprechen, ist in Sápmi selbstverständlich. Dazu braucht es keine politisch »Radikalen«. Die Mächtigen selbst gaben Anlass dazu. Der schwedische Reichskanzler Axel Oxenstierna erklärte Anfang des 17. Jahrhunderts: »Ich brauche keine Kolonien. Ich habe den Norden!«[25]

Spätestens seit den 1960er-Jahren wird die politische Geschichte Sápmis aus antikolonialer Perspektive betrachtet. 1969 erschien in Norwegen eine Anthologie mit dem Titel *Nordisk nykolonialisme*. Hier griff man auf die Schriften von Jawaharlal Nehru, Julius Nyerere und Malcolm X zurück, um die Lage in Sápmi zu erklären. Einer der Beitragenden, Per Otnes, zog internationale Vergleiche: »Interne Kolonien emanzipieren sich weltweit, nicht nur in den USA, sondern auch in Schottland, dem Baskenland und weiteren Teilen Spaniens und Frankreichs.«[26]

25 Samerna: Ett av världens urfolk, Samiskt informationscentrum, o.J., S. 22.
26 Per Otnes, »Nykolonialisme i Sameland«, in Lina R. Homme, Hg., Nordisk nykolonialisme (Oslo: Samlaget, 1969), S. 52.

Doch was heißt das im Falle Sápmis für die Frage der politischen Souveränität, die von samischen Aktivist:innen eingefordert wird?

Die Forderung nach einem eigenen Staat, wie sie für die meisten antikolonialen Bewegungen des 20. Jahrhunderts charakteristisch war, wurde im Falle Sápmis so gut wie nie gestellt. Nils-Aslak Valkeapää äußerte sich dazu 1971 fast kategorisch: »Die Sámi streben keinen eigenen Staat an. Das wäre zu unrealistisch.«[27] Etwas ausführlicher die Erklärung von Harald Gaski in der Einleitung zu der 1994 von ihm herausgegebenen Anthologie *Sami Culture in a New Era:*

»Samische Politik war nie auf die Etablierung eines eigenen samischen Staates ausgerichtet. Sie hat sich immer auf Rechte konzentriert, die das Überleben und das Entfalten der Sámi und ihrer Kultur in den traditionellen Siedlungsgebieten sichern. Selbst als die Kolonisierung und Assimilierung am aggressivsten betrieben wurde, und auch während der Christianisierung im 18. und 19. Jahrhundert, bedienten sich die Sámi ihrer Traditionen zur Verteidigung ihrer Kultur gegen den Druck von außen.«[28]

Einen eigenen Staat nicht als Lösung anzusehen, hat vor allem praktische Gründe: Die Sámi sind heute in Sápmi eine Minderheit, und ein eigener samischer Staat wäre logistisch eine ungemeine Herausforderung. Zudem stellt sich die Frage der ökonomischen Tragfähigkeit eines solchen Unternehmens. Sápmi ist groß und extrem dünn besiedelt. Und nicht zuletzt gibt es in der Geschichte der sozialen Organisationsformen der Sámi keine staatsähnlichen Modelle.

Was aber sind dann die »realistischen« Ziele für die politische Souveränität der Sámi? Eine einheitliche Auffassung dazu gibt es, wenig überraschend, nicht, doch es gibt verschiedene Beispiele, an denen man sich orientieren kann.

---

27 Nils-Aslak Valkeapää, Terveisiä Lapista (Grüße aus Lappland) (Helsinki: Otava, 1971), o.S.

28 Gaski, »Introduction«, S.9.

Die Zapatistas in Chiapas verlangen seit 1995 Autonomierechte, keinen eigenen Staat. Auch die kurdische Bewegung hat die Forderung nach einem eigenen Staat um die Jahrtausendwende fallen gelassen. Sie folgt der Idee des »Demokratischen Konföderalismus«. Nunavut ist ein arktisches Territorium in Kanada, das seit 1999 von indigenen Gesellschaften selbstverwaltet wird.

Auch näher an Sápmi gibt es Orientierungspunkte. Die Färöer und Grönland, Territorien unter dänischer Krone, haben Autonomiestatus, ebenso wie die Åland-Inseln, die zu Finnland gehören, sprachlich und kulturell jedoch schwedisch geprägt sind. Die schwedischsprachige Minderheit in Finnland, die etwa fünf Prozent der Bevölkerung ausmacht, genießt starke Minderheitsrechte. In Sápmi selbst ist das Naturschutzgebiet und UNESCO-Welterbe Laponia teilweise unter samischer Verwaltung.

Mit den samischen Parlamenten gibt es politische Rahmenbedingungen, die eine Selbstverwaltung erleichtern würden – vorausgesetzt, den samischen Parlamenten wird von den nordischen Regierungen irgendwann politische Entscheidungsmacht zugestanden.

Politische Ideologien, linke inklusive, spielen in Sápmi eine untergeordnete Rolle. Wie von Harald Gaski angedeutet, finden die Sámi Referenzpunkte zur Gestaltung ihres Zusammenlebens primär in der eigenen Geschichte. Gehen sie woanders auf die Suche, dann meist bei anderen indigenen Gesellschaften.

Die engen Verbindungen zu diesen drücken sich unter anderem in der Verwendung des Begriffs der »Vierten Welt« aus, der vor allem in den 1970er-Jahren oft für indigene Gesellschaften gebraucht wurde. In Schweden gibt es eine indigene Solidaritätsorganisation namens »Vierte Welt«, in der viele Sámi aktiv sind.

Vor allem die indigenen Gesellschaften Nordamerikas dienen Sámi immer wieder als Bezugspunkt, so ist das Kunstprojekt *Pile o'Sápmi* von Máret Ánne Sara eine Anspielung auf den *Pile o'Bones,* den Cree im 19. Jahrhundert in der heutigen kanadischen Provinz Saskatchewan errichteten (Sara ersetzte die Schädel von Büffeln durch die von Rentieren).

Vor allem jüngere samische Aktivist:innen grenzen sich explizit von »westlicher«, »europäischer« und auch »weißer« Kultur ab. Wieder sind die Verbindungen nach Nordamerika besonders ausgeprägt. Mehrere samische Delegationen besuchten beispielsweise 2016 das Protestcamp auf der Standing Rock Indian Reservation gegen die geplante Dakota Access Pipeline.

Die Zeitung *Charta 79*, die während der Áltá-Proteste erschien, versinnbildlichte die Kombination indigener Bezugspunkte mit den allgemeinen Bürgerrechtskämpfen der Ära. Während der Titel der Zeitung auf die tschechoslowakische Bürgerrechtsbewegung Charta 77 verwies, wurde sie als »Zeitung für indigene Themen« präsentiert. *Charta 79* war ein großer Erfolg. Von der ersten Nummer gelangten 150.000 Exemplare in Umlauf.

Antikapitalistische Rhetorik ist samischen Aktivist:innen nicht fremd. Die Filmemacherin Suvi West betonte 2023 in einem Interview: »In erster Linie sollten sich die Menschen für unsere Kämpfe gegen den Kolonialismus und den Kapitalismus interessieren. Denn wenn wir diese nicht gewinnen, wird es all das andere in Zukunft nicht mehr geben.«[29]

Es ist vor allem die ökonomische Ausbeutung Sápmis durch Unternehmen, die ihren Sitz nicht in Sápmi selbst haben, die der Kapitalismuskritik der Sámi zugrunde liegt. Dazu gesellen sich die Geschichte kollektiven Besitzes und der ausgeprägte Sinn für Kooperation, der für die samische Kultur charakteristisch ist. Sätze wie »Wer in der Arktis nicht zusammenarbeitet, überlebt nicht«, gibt es in Sápmi oft zu hören.

Trotz der antikapitalistischen Orientierung wurden die Sámi mit der nordischen Linken nie besonders warm. Die nordische Sozialdemokratie baut seit jeher auf Industrialisierung, technologische Entwicklung und Modernität. Zeitzeugen der Áltá-Bewegung sprechen davon, dass die norwegischen Sozialdemokrat:innen »sámifeindlicher« als alle anderen waren.

---

29 »Keine Zeit für Spiritualität«, Neues Deutschland – Die Woche, 9./10. April 2022.

Annäherungen gab es – nicht zuletzt im Kontext der oben zitierten antikolonialen Perspektive – seitens der radikaleren Linken. Die Zeitung *Charta 79* wurde beispielsweise von *Klassekampen* gedruckt, einer marxistischen Tageszeitung, die bis heute die samische Bewegung in Norwegen unterstützt. John Reier Martinsen, der gemeinsam mit Niillas Somby für das fehlgeschlagene Bombenattentat in Áltá angeklagt wurde, war Kader der maoistischen Kommunistischen Arbeiterpartei (aus der die jetzige Parlamentspartei *Rødt* hervorging). In Schweden präsentierte der maoistische Oktoberförlag 1977 eine Analyse Sápmis mit dem Buch *Samerna i Sverige*. Autor Göran Lundin erklärte: »Es ist die Pflicht der kommunistischen Bewegung, die samische Frage nicht Reaktionären zu überlassen, die von ihrer Unterdrückung profitieren.«[30]

Heute spielt der Antiimperialismus auch in der radikalen Linken der nordischen Länder nicht mehr die Rolle, die er einst spielte. Stattdessen stoßen sich manche daran, dass die Sámi mit Vorliebe von einer samischen »Nation« sprechen. Vor allem aber widmeten sich radikal linke Kreise in den 2000er-Jahren Themen, die eine Zusammenarbeit mit den Sámi nicht unbedingt erleichterten, etwa Tierrechte. Zwar spielt die Rentierhaltung in den Diskussionen nur eine untergeordnete Rolle (diese gesteht man den Sámi aus historischen Gründen meist zu), doch bei der Jagd geht es heiß her. Tierrechtsaktivist:innen wollen die Jagd auf Raubtiere wie Wölfe, Bären und Luchse verbieten. Die Sámi wiederum bestehen darauf, ihre Rentierherden vor diesen schützen zu dürfen. Raubtiere töten in Sápmi rund 50.000 Rentiere pro Jahr. Ein Luchs allein kann in einer Saison 100 Rentiere erlegen.[31]

Im Verhältnis linker und samischer Aktivist:innen spiegelt sich auch ein Stadt-Land-Gefälle wider. Während die linke Szene ausgesprochen urban ist, leben samische Aktivist:innen

---

30 Göran Lundin, Samerna i Sverige (Stockholm: Oktoberförlaget, 1977), S. 11–12.

31 John Vidal, »Sami Reindeer Herders Battle Conservationists and Miners to Cling On to Arctic Culture«, The Guardian, 21. Februar 2016, www.theguardian.com/global-development/2016/feb/21/sami-people-reindeer-herders-arctic-culture.

meist in kleinen Gemeinden, in denen sich alle kennen. Das schafft andere Voraussetzungen für politischen Aktivismus. Die samische Künstlerin und Aktivistin Maxida Märak fasste dies in einem Interview so zusammen:

»Wenn du in einem kleinen Ort politisch aktiv bist, hat das persönliche Konsequenzen. Es ist einfach für Menschen aus der Großstadt, Menschen auf dem Land vorzuwerfen, sich zu wenig politisch zu engagieren. Sie verstehen nicht, was das für den Alltag dieser Menschen bedeuten kann. An einem Ort wie Jåhkåmåhke kennen sich alle und alle sind voneinander abhängig. Wenn du dich an einer politischen Aktion beteiligst, sieht dich vielleicht dein Chef oder deine Ärztin oder die Angestellten von der Behörde, zu der du morgen gehen musst. Dein ganzes Leben kann auf den Kopf gestellt werden. Hast du Geld und Kontakte, kann dir das vielleicht egal sein, aber für eine alleinerziehende Mutter mit drei Kindern sieht es anders aus. Du nimmst ein großes Risiko auf dich.«

Auch bei linken Aktivist:innen, die fernab der Großstädte im Norden leben und darauf stolz sind, kann es an Sensibilität für die Sámi mangeln. Ein Slogan wie »Autonomes Nordland« ignoriert die Tatsache, dass eine Autonomie der nördlichen Provinzen für die Sámi nicht unbedingt Verbesserungen bringt, wenn sich die Macht- und Eigentumsverhältnisse nicht ändern. Im Gegenteil. Für die Sámi ist die Politik von Kommunal- und Provinzregierungen oft noch schlimmer als die der Zentralregierungen in den nordischen Hauptstädten.

Anders Sunna vereint in seiner Kunst samische Motive mit linksautonomer Agitprop, in der viele Menschen mit Masken, Schusswaffen und Bomben auftauchen. Darauf angesprochen, erklärt er, dass die Menschen froh sein sollten, dass es sich nur um Kunst handle. Doch er fügt hinzu: »Man kann Menschen nicht ewig unterdrücken. Irgendwann kommt es zum Aufstand.«[32]

---

32 Kuhn, Liberating Sápmi, S. 154.

Schlusswort

Anders Sunna zählt zu den Sámi, die von den Errungenschaften der letzten vierzig Jahre nicht sonderlich begeistert sind. In einem Interview im Jahr 2019 meinte er: »Die Geschichte von den Errungenschaften ist nicht wahr. Nichts hat sich verändert. Die samischen Parlamente haben keine Macht. Ihre Form entspricht der kolonialer Institutionen.«[33] Die lebende Legende Niillas Somby bläst ins gleiche Horn: »Es heißt, die samischen Parlamente müssen bei Regierungsentscheidungen, die die Sámi betreffen, konsultiert werden. Aber was bedeutet das in der Praxis? Regierungsvertreter kommen und hören sich an, was die Sámi zu sagen haben. Dann gehen sie und tun, was sie wollen.«[34]

Auch der Rassismus, dem sich die Sámi im Alltag ausgesetzt sehen, ist nicht verschwunden. Zwar mögen besonders vulgäre Formen (etwa Aufkleber mit Aufschriften wie »Rette einen

33 Ebd.
34 Ebd., S. 66.

Wolf, erschieße einen Sámi!«) heute selten sein, doch Sámi werden immer wieder drangsaliert. Die prominente samische Künstlerin Britta Marakatt-Labba berichtete in einem schwedischen Radioprogramm im Sommer 2019, dass sie erst vor Kurzem in der Waschküche eines Mehrfamilienhauses in Giron als *lappjävel* (ein grobes Schimpfwort für Sámi) bezeichnet worden sei. Ein Jahr zuvor kam eine Studie des samischen Forschungszentrums Vaartoe an der Universität Umeå zu dem Schluss, dass zwei Drittel der in Schweden lebenden Sámi rassistische Diskriminierung erfahren hätten.[35] An manchen Orten in Sápmi vermeiden Sámi es an Wochenenden immer noch, traditionelle samische Kleidung zu tragen, um nicht in Schlägereien verwickelt zu werden. Regelmäßige Praxis ist es, Rentieren, die bei Verkehrsunfällen getötet werden, die Ohren abzuschneiden – das macht es für die samischen Besitzer:innen unmöglich, staatliche Entschädigungen in Anspruch zu nehmen. Ein immer größeres Problem sind Mobbingkampagnen in sozialen Medien. Besonders ausgeprägt ist die Alltagsdiskriminierung in politisch angespannten Situationen. Nach dem Urteil im Fall Girjas schnellte sie enorm in die Höhe. Mitglieder des Samebys erhielten sogar Morddrohungen.

Es hilft wenig, dass rechte Parteien und Bewegungen in den nordischen Ländern im Aufwind sind. Die Schwedendemokraten stellen die samischen Sonderrechte für die Rentierhaltung infrage, die Wahren Finnen ignorieren die Wünsche der Sámi, das Wahlrecht für das Samische Parlament zu reformieren, und die norwegische Fortschrittspartei will das Samische Parlament überhaupt abschaffen. Kein Wunder, dass samische Künstler:innen wie Maxida Märak antifaschistische Bewegungen unterstützen.

Künstlerisches und politisches Engagement lassen sich in Sápmi nur schwer trennen. In der samischen Kultur machen diese Kategorien nicht viel Sinn. Manchmal ist dafür von »Arti-

35 Dem Bericht, Kartläggning av rasism mot samer i Sverige (2018), wurde vorgeworfen, wissenschaftliche Standards nicht eingehalten zu haben, doch die gesammelten Daten entsprechen dem Empfinden der samischen Bevölkerung Schwedens.

vismus« die Rede. Das Künstlerkollektiv Suohpanterror, das seit 2012 mit politischen Collagen Aufsehen erregt, gilt als Paradebeispiel.[36] Auch samische Wissenschaftler:innen lassen sich ungern in akademische Kategorien sperren. Die Historikerin May-Britt Öhman fordert eine Samische Universität, in der auch indigene Formen der Wissensproduktion ernst genommen werden.[37]

Zentral bleibt die Frage nach der ökologischen Perspektive. Wird der Grüne Kolonialismus die Lebensgrundlagen der Sámi zerstören? Oder gelingt eine Wende zu tatsächlicher Nachhaltigkeit?

Zentral bleibt die Frage nach der ökologischen Perspektive. Wird der Grüne Kolonialismus die Lebensgrundlagen der Sámi zerstören? Oder gelingt eine Wende zu tatsächlicher Nachhaltigkeit? Das von Politiker:innen endlos wiedergekäute Mantra davon, dass »für alles« Platz sein müsse, also für die industrielle Entwicklung ebenso wie für Rentierhaltung, ist ein feiger Fluchtversuch aus der Verantwortung. Es ist nicht für alles Platz. Hier müssen Prioritäten gesetzt und Entscheidungen getroffen werden. Unsere Zukunft hängt davon ab.

Die Sámi sind nicht ohne Hoffnung. Aslak Holmberg, der Präsident des Samischen Rates, sagte in einem Interview vor wenigen Jahren, dass die Kolonialmächte in tausend Jahren wahrscheinlich verschwunden sein würden, während es die Sámi immer noch geben werde. Seine Erklärung dafür: »Politischer Kampf wird meist in negativen Begriffen gedacht, als Kampf oder Opposition gegen etwas. Aber die Geschichte unseres Kampfes hat uns viel gelehrt. Wir wissen, wozu wir als

36 Siehe https://www.instagram.com/suohpanterror/.
37 Siehe https://www.samelandsfriauniversitet.com/omabout.html.

Gesellschaft fähig sind und wozu nicht. Wir haben es gelernt zu überleben. Wir wissen, wie man sich gegen die Kräfte der Globalisierung wehrt. Mehrheitsgesellschaften, die sich nicht auf starke Traditionen stützen können, sind viel verwundbarer. Sie verschwinden schnell. Die Konsumgesellschaft macht aus allem einen Einheitsbrei. Wir sind für die Zukunft gerüstet.«[38]

38 Kuhn, Liberating Sápmi, S. 117. Ein empfehlenswerter animierter Kurzfilm, den Aslak Holmberg anlässlich des 100. Jahrestages der Unabhängigkeit Finnlands produzierte, ist übrigens online mit englischen Untertiteln abrufbar: Finland's Hundred Years of Colonialism (2017).

GRÜNER KAPITALISMUS – TEIL DES PROBLEMS

Corporate Watch

Grüner Kapitalismus

Kritik und Alternativen – ein ABC

Reihe Auf den Punkt

82 S. | zahlr. Abb. | 10,90 Euro
ISBN 978-3-939045-47-2

Die Auswirkungen der Klimakrise und der fortschreitenden Umweltzerstörung sind deutlicher erkenn- und spürbar als jemals zuvor. Selbst beträchtliche Teile des Wirtschaftssektors sehen sich zum Handeln veranlasst. Der grüne Kapitalismus will Teil der Lösung sein, ist dabei aber vielmehr Teil des Problems. Dieses ABC von Corporate Watch bringt die Grundzüge des grünen Kapitalismus, die Kritik an ihm und mögliche Alternativen zu diesem Konzept auf den Punkt. Menschen auf der ganzen Welt leisten gegen grün-kapitalistische Bestrebungen und Entwicklungen Widerstand, und es sind diese Menschen und deren Kämpfe, die dieses Buch unterstützen will.

»Dieses Buch erklärt leicht verständlich, warum Kapitalismus niemals grün sein kann.«
Carola Rackete, politische Aktivistin

»Lesenswert ist der Band zudem, weil er unter Stichwörtern wie Ökoanarchismus, Ökosozialismus, Primitivismus, Gaia-Hypothese oder Wachstumskritik auch Alternativen zur herrschenden Politik thematisiert.«
Guido Speckmann in: WOZ, Nr. 15, 13. April 2023

www.graswurzel.net

UMKÄMPFTE ERINNERUNGS-KULTUR IN SPANIEN

Walther L. Bernecker

Geschichte und Erinnerungskultur

Spaniens anhaltender Deutungskampf um Vergangenheit und Gegenwart

Reihe Auf den Punkt

78 S. | 10,90 Euro
ISBN 978-3-939045-51-9

In Spanien wird bis heute intensiv um die Deutungshoheit über die Vergangenheit gerungen, insbesondere über Bürgerkrieg und Franquismus im 20. Jahrhundert. Geschichtsinterpretationen und Erinnerungskulturen lassen sich häufig kaum trennen; sie haben nicht nur in der Geschichtswissenschaft, sondern auch in Politik, Kultur und Gesellschaft zu tiefgehenden Auseinandersetzungen und Spaltungen geführt. Der Band fasst die politischen und gesellschaftlichen Deutungskämpfe seit dem Übergang des Landes in die Demokratie in den 1970er-Jahren bis in die unmittelbare Gegenwart zusammen.

»Spanien wird dieser Tage von den Geistern der Vergangenheit heimgesucht. (…) Berneckers Band ist der perfekte Einstieg für all diejenigen, die verstehen wollen, wie dies über 40 Jahre nach Ende der Franco-Diktatur mitten in Europa möglich ist.«
Reiner Wandler in: taz vom 9.1.2024

www.graswurzel.net

KLEINE GESCHICHTE DES ANARCHISMUS

Findus

Kleine Geschichte des Anarchismus
Ein schwarz-roter Leitfaden

Graphic Novel

57 S. | 8,90 Euro
ISBN 978-3-939045-14-4

Unterhaltsam, amüsant und informativ präsentiert die Graphic Novel die Geschichte, Theorie und Praxis des Anarchismus. Soziale Bewegungen, in denen AnarchistInnen eine bedeutende Rolle gespielt haben, und theoretische Strömungen werden vorgestellt: die Pariser Kommune 1871, die Machno-Bewegung in der Ukraine, die Kollektivierungen während des Spanischen Bürgerkriegs 1936 bis 1939, die Mexikanische Revolution 1910. Die Beispiele reichen bis in die jüngste Vergangenheit. Die libertäre Kultur kommt nicht zu kurz, Leben und Werk von MusikerInnen und SchriftstellerInnen sowie anarchistische »Klassiker« werden beschrieben. Literaturempfehlungen runden den schwarz-roten Leitfaden ab. Das ideale Geschenk für »EinsteigerInnen« und »Fortgeschrittene«.

www.graswurzel.net